J.D. PONCE SU SIDDHARTHA GAUTAMA

UN'ANALISI ACCADEMICA DEL

DHARMA

© 2024 di J.D. Ponce

INDICE

CONSIDERAZIONI PRELIMINARI ---5

Capitolo I: STRUTTURE SOCIALI NELL'INDIA DEL BUDDHA--------------23

Capitolo II: PANORAMA POLITICO AI TEMPI DI SIDDHARTA--------------27

Capitolo III: CROCEVIA DI TRADIZIONI INTELLETTUALI--------------------30

Capitolo IV: APPROCCIO AGLI INSEGNAMENTI DEL BUDDHA-----------33

Capitolo V: LA PRIMA NOBILE VERITÀ – DUKKHA----------------------------35

Capitolo VI: LA SECONDA NOBILE VERITÀ – SAMUDAYA -----------------40

Capitolo VII: LA TERZA NOBILE VERITÀ – NIRODHA ------------------------45

Capitolo VIII: LA QUARTA NOBILE VERITÀ – MARGA------------------------55

Capitolo IX: IMPERMANENZA (ANICCA) ---68

Capitolo X: NON-SÉ (ANATTA) ---80

Capitolo XI: KARMA E RINASCITA ---94

Capitolo XII: I 12 ANELLI DELL'ORIGINE DIPENDENTE (NIDANAS)----110

Capitolo XIII: NIRVANA --124

Capitolo XIV:LA DIFFUSIONE PRECOCE DEL BUDDISMO --------------130

Capitolo XV: INTEGRAZIONE NELLA FILOSOFIA ORIENTALE ----------140

Capitolo XVI: IMPATTO DE BUDDHA SUI PENSATORI OCCIDENTALI-149

Capitolo XVII: 50 CITAZIONI CHIAVE DEL BUDDHA------------------------157

CONSIDERAZIONI PRELIMINARI

Siddhartha Gautama, il Buddha storico, nacque in una famiglia nobile e influente all'interno del clan Shakya nell'attuale Nepal, durante il VI secolo a.C. Suo padre, il re Suddhodana, governava il piccolo regno di Kapilavastu, mentre sua madre, la regina Maya, era rinomata per il suo comportamento virtuoso e la sua compassione. La discendenza di Siddhartha risale a uno dei principali sovrani della repubblica Shakya, che godeva di grande stima e autorità tra la nobiltà guerriera di quell'epoca.

L'eredità reale di Siddhartha era caratterizzata da opulenza, privilegio e supremazia del governo monarchico. Cresciuto in mezzo a palazzi sontuosi, adornati da splendidi giardini e sfarzosa architettura, Siddhartha fu esposto agli affari di corte e alle solenni responsabilità degne di un principe.

In mezzo a questa aura di grandezza, l'educazione di Siddhartha fu accresciuta dalla tutela di stimati studiosi, filosofi e mentori spirituali che furono impegnati a impartire erudizione e condotta etica adatta a un futuro sovrano. Gli fu fornita un'istruzione che si estendeva dalla letteratura e dalle arti marziali all'arte di governare e all'amministrazione socio-politica, affinando il suo intelletto e coltivando i principi fondamentali della leadership virtuosa.

L'eredità reale ha dotato Siddhartha di una comprensione dei privilegi e degli oneri associati alla sua discendenza, così come della rete di alleanze e rivalità che hanno definito il panorama geopolitico dell'antica India. Mentre maturava, il peso delle aspettative e le realtà degli obblighi dinastici hanno consolidato in lui un senso del dovere, del decoro e dell'obbligo sociale, amplificando ulteriormente il conflitto interiore tra aspirazioni mondane e desideri spirituali.

Le circostanze che circondarono la nascita di Siddhartha erano avvolte nel mistero e nei segni portentosi. Secondo le narrazioni tradizionali, la regina Maya fece un sogno in cui vide un elefante bianco immacolato entrare nel suo grembo, un simbolo di buon auspicio che preannunciava la nascita di un bambino straordinario. In seguito, mentre si recava alla casa dei suoi genitori per partorire, si dice che entrò in travaglio sotto un albero di sal nei pittoreschi giardini di Lumbini. La leggenda narra che Siddhartha emerse dal suo fianco senza causare alcun dolore o disagio, affermando la sua natura eccezionale fin dal momento del suo arrivo al mondo.

Negli anni della sua formazione, Siddhartha godette dei privilegi degni di un principe, crescendo tra opulenza e splendore all'interno delle mura del palazzo. La sua prima educazione comprendeva un curriculum multidisciplinare che comprendeva arti marziali, letteratura, istruzione religiosa ed etichetta principesca. Crescendo, Siddhartha acquisì un intelletto acuto, dimostrando competenza in varie materie e guadagnando ammirazione per la sua personalità carismatica.

Sebbene l'educazione di Siddhartha fosse caratterizzata da lusso e comfort, egli rimase protetto dalle dure realtà del mondo al di là delle mura del palazzo. Tuttavia, i vincoli della vita reale sarebbero presto andati in frantumi, mettendolo su un percorso straordinario che avrebbe alterato per sempre il corso della spiritualità umana e del pensiero filosofico.

Le quattro attrazioni:

Gli incontri del principe Siddhartha con il mondo esterno avrebbero cambiato per sempre la traiettoria della sua esistenza. I Quattro Sguardi (l'uomo anziano, la persona malata, il defunto e l'asceta errante) recisero il bozzolo di compiacenza che lo aveva avvolto nei decadenti confini della sua dimora reale. Assistendo a un uomo anziano che appassisce sotto le oppressioni del tempo, a un'anima costretta a letto assediata dalla malattia, a un corpo senza vita trasportato al suo luogo di riposo finale e a un asceta che percorreva il sentiero della rinuncia e della ricerca spirituale, Siddhartha fu scosso. Questi spettacoli toccanti perforarono la patina di invincibilità e permanenza che fino a quel momento aveva avvolto la sua coscienza. Gli balenò in mente che sofferenza, decadenza e impermanenza erano aspetti inevitabili dell'esistenza umana. Questa sconvolgente realizzazione scatenò un'intensa riflessione interiore mentre si confrontava con la fondamentale situazione della sofferenza umana e cercava di discernere un antidoto.

La vista dell'uomo anziano rivelò l'inevitabilità dell'invecchiamento e la fragilità del vigore fisico, mettendo Siddhartha di fronte alla natura transitoria della giovinezza e della vitalità. Confrontato con l'immagine della malattia e dell'infermità, si trovò di fronte alla cruda realtà della vulnerabilità fisica e allo stato transitorio del benessere. Nell'assistere al corteo funebre, il principe fu costretto a confrontarsi con la straziante verità della mortalità, riconoscendo l'ineluttabile destino che tutti gli esseri condividono. Infine, l'incontro con l'asceta diede inizio a un'indagine sul percorso della rinuncia e dell'austerità come risposta all'insoddisfazione e alla sofferenza intrinseche prevalenti nel mondo. Queste profonde rivelazioni fecero germogliare i semi dell'empatia, della compassione e della ricerca di una soluzione definitiva per alleviare l'enigma universale della sofferenza umana. Gli incontri di Siddhartha con i Quattro Sguardi segnarono il momento cruciale che lo spinse verso il cammino della profonda saggezza e dell'illuminazione, culminando nella sua inequivocabile dedizione a svelare i misteri dell'esistenza e a portare alla luce la liberazione dal ciclo della sofferenza.

La Rinuncia:

La decisione di Siddhartha Gautama di rinunciare alla sua vita da principe e cercare la verità spirituale segna un momento cruciale nella storia del Buddhismo. Questo atto di rinuncia simboleggiava un radicale allontanamento dal percorso convenzionale atteso da un principe, e divenne un catalizzatore trasformativo per il suo viaggio spirituale. Con incrollabile determinazione e uno spirito risoluto, Siddhartha si avventurò nell'ignoto, lasciandosi alle spalle opulenza e sicurezza per abbracciare una vita di ascetismo e auto-scoperta.

Abbandonare le mura del palazzo non fu solo una partenza fisica, ma una rottura simbolica con le norme e le aspettative sociali che avevano definito la sua esistenza fino a quel momento. Fu un coraggioso atto di sfida contro il destino prestabilito che lo attendeva come monarca, riflettendo il suo inflessibile impegno a cercare una verità più profonda oltre i piaceri mondani. Il vuoto creato dalla sua partenza riecheggiò in tutto il regno, suscitando curiosità e dibattito tra la popolazione, mentre rifletteva sull'enigma del principe che aveva scelto di rinunciare alla sua eredità principesca per inseguire qualcosa di intangibile ma significativo.

Questo momento critico nella vita di Siddhartha esemplifica la ricerca umana universale di significato e realizzazione al di là della ricchezza materiale. La rinuncia al palazzo servì da potente archetipo per abbandonare l'attaccamento ai piaceri transitori e addentrarsi nei recessi della condizione umana. Incapsulava la lotta per trascendere i confini dell'esistenza mondana e scoprire la natura intrinseca della realtà. Lasciando il palazzo, Siddhartha intraprese un'odissea trasformativa che alla fine avrebbe rimodellato la sua comprensione del mondo e spianato la strada all'illuminazione che ha ispirato innumerevoli ricercatori nel corso dei secoli.

Il cammino verso l'ascetismo:

L'abbandono da parte di Siddhartha Gautama delle comodità della vita di palazzo segnò l'inizio di un arduo viaggio alla ricerca della verità spirituale e della liberazione definitiva dalla sofferenza. La sua ricerca dell'illuminazione lo portò ad abbracciare una vita di ascetismo e pratiche severe, guidato da una profonda determinazione a svelare i misteri dell'esistenza. Rinunciando al suo status principesco, intraprese un percorso caratterizzato da privazione volontaria, rigorosa autodisciplina e austerità.

Spinto da una determinazione incrollabile, Siddhartha si unì a una comunità di asceti, prendendo parte a pratiche come il digiuno estremo, la meditazione prolungata e la mortificazione fisica. Si sottopose a rigide penitenze, estreme difficoltà fisiche nel perseguimento di una comprensione spirituale più profonda. L'impegno di Siddhartha verso l'ascetismo fu alimentato da un fervente desiderio di trascendere la natura effimera dell'esistenza umana e comprendere le profonde verità che governavano l'universo.

Tuttavia, nonostante la sua incrollabile dedizione alle pratiche ascetiche, Siddhartha incontrò una profonda disillusione. Il percorso dell'estrema auto-mortificazione non gli diede l'illuminazione che cercava, costringendolo a rivalutare il suo approccio alla realizzazione spirituale. Attraverso l'introspezione e la riflessione, riconobbe l'inutilità di sottoporre il corpo a tali severe austerità nella ricerca dell'illuminazione.

Questa fase fondamentale nel viaggio di Siddhartha rappresenta un punto cruciale nell'evoluzione delle sue intuizioni filosofiche. Chiarisce i limiti intrinseci dell'ascetismo come mezzo per raggiungere l'illuminazione, gettando le basi per la sua formulazione finale della Via di Mezzo, un approccio equilibrato che trascende gli estremi dell'indulgenza e dell'auto-mortificazione. L'esplorazione delle pratiche ascetiche non solo ha plasmato la comprensione di Siddhartha della sofferenza umana e della natura dell'esistenza, ma ha anche sottolineato la sua saggezza perspicace e la sua inflessibile perseveranza nella ricerca della verità.

La ricerca dell'illuminazione:

La ricerca dell'illuminazione da parte di Siddhartha lo portò a cercare la guida di vari insegnanti ed esplorare diversi metodi per raggiungere una profonda comprensione spirituale. Dopo il suo allontanamento dall'opulenza della vita reale e la rinuncia all'ascetismo, Siddhartha intraprese un viaggio incessante per comprendere la natura dell'esistenza e alleviare la sofferenza universale che affliggeva l'umanità. Durante questa ricerca fondamentale, incontrò venerati maestri spirituali che impartirono saggezza e intuizione, ognuno dei quali contribuì alla sua evoluzione della prospettiva filosofica e delle pratiche spirituali.

Una delle figure di spicco nell'esplorazione spirituale di Siddhartha fu Alara Kalama, un insegnante stimato, rinomato per la sua competenza nell'assorbimento meditativo e nella concentrazione focalizzata della mente. Sotto la tutela di Kalama, Siddhartha si addentrò profondamente nel regno dei risultati meditativi, sperimentando stati di coscienza elevati e assorbimento contemplativo. Mentre padroneggiare queste tecniche meditative fornì a Siddhartha profonde intuizioni sulla natura dei fenomeni mentali e sul potenziale per l'esperienza trascendente, non soddisfece pienamente la sua ricerca di liberazione dalla sofferenza.

Successivamente, Siddhartha cercò la guida di Uddaka Ramaputta, un altro venerato mentore spirituale, rinomato per la sua padronanza degli stati meditativi e degli insegnamenti metafisici. Sotto la guida di Ramaputta, Siddhartha raggiunse livelli senza pari di assorbimento meditativo e chiarezza mentale, raggiungendo l'apice del Samadhi, uno stato di profonda tranquillità e concentrazione. Tuttavia, nonostante questi notevoli risultati, Siddhartha si rese conto che tali stati, sebbene accattivanti e trasformativi, non offrivano una soluzione definitiva alla pervasiva esperienza umana della sofferenza.

Spinto da un impegno incrollabile nel svelare i misteri dell'esistenza e alleviare la profonda angoscia che affligge tutti gli esseri, Siddhartha continuò la sua instancabile ricerca. Attraverso una rigorosa auto-sperimentazione e un'indagine introspettiva, esplorò discipline ascetiche, privazioni e pratiche austere, sperando di trascendere i limiti dell'esistenza mortale e raggiungere l'illuminazione definitiva. Queste pratiche estreme includevano il digiuno severo, l'adozione di una rigorosa mortificazione corporea e il sottoporsi a prolungati periodi di difficoltà fisiche nel perseguimento della realizzazione spirituale.

Nonostante la dedizione e l'intensità investite in queste imprese ascetiche, Siddhartha si trovò di fronte alla cruda consapevolezza che misure così estreme, pur dimostrando una determinazione e una disciplina senza pari, non avrebbero potuto produrre le profonde intuizioni e la liberazione che cercava. Questo periodo cruciale di esplorazione scrupolosa e perseveranza inflessibile gettò le basi per l'eventuale riconoscimento da parte di Siddhartha della Via di Mezzo, un approccio equilibrato e armonioso che trascendeva gli estremi dell'indulgenza e dell'auto-mortificazione.

Questo arduo viaggio di ricerca dell'illuminazione attraverso diversi insegnanti e metodi non solo dimostrò l'impegno incrollabile di Siddhartha, ma consolidò anche la sua profonda comprensione dei limiti insiti nei vari approcci spirituali. Queste esperienze inestimabili servirono da catalizzatori per la saggezza trasformativa che alla fine sarebbe culminata nel suo raggiungimento dell'illuminazione suprema sotto l'albero della Bodhi.

La via di mezzo:

Il viaggio di Siddhartha verso l'illuminazione raggiunse un punto critico quando giunse a comprendere il concetto di Via di Mezzo. Dopo anni di rigorose pratiche ascetiche e di ricerca della saggezza da venerati insegnanti, si rese conto che né l'estrema indulgenza né la severa auto-mortificazione conducevano alla vera liberazione dalla sofferenza. La Via di Mezzo emerse come il percorso equilibrato, sostenendo moderazione e armonia in tutti gli aspetti della vita.

La comprensione della Via di Mezzo trasformò l'approccio di Siddhartha all'avanzamento spirituale. Riconobbe che una vita di lusso e opulenza, come sperimentata all'interno delle mura della sua educazione regale, non poteva trasmettere pace e appagamento duraturi. Al contrario, comprese che sottoporsi a gravi privazioni e austerità portava solo a debolezza fisica e tensione mentale, privi di autentico progresso spirituale. Questa fondamentale realizzazione segnò un profondo cambiamento nella prospettiva filosofica di Siddhartha.

La Via di Mezzo, come proposta dal Buddha, comprende non solo l'astensione dagli estremi del piacere sensuale e dell'auto-mortificazione, ma sottolinea anche l'equilibrio di atteggiamenti, emozioni e azioni. Esalta l'importanza di coltivare una mentalità libera da desideri e avversioni, coltivando compassione e saggezza e conducendo una vita guidata da condotta etica e consapevolezza. Il riconoscimento della Via di Mezzo ha permesso a Siddhartha di tracciare un nuovo corso verso l'illuminazione, sottolineando armonia interiore ed equanimità.

Preludio all'Illuminazione:

Dopo aver compreso i limiti sia dell'indulgenza edonistica che dell'ascetismo estremo, Siddhartha intraprese un percorso che alla fine lo avrebbe portato alla realizzazione di profonde verità sull'esistenza e sulla sofferenza. Fu durante questo periodo che si sottopose a una serie di meticolosi preparativi, sia mentali che fisici, per impegnarsi pienamente nella sua ricerca dell'illuminazione.

Con un inflessibile senso dello scopo, Siddhartha si dedicò a una rigorosa contemplazione e introspezione, scavando a fondo nella natura della sofferenza umana e nelle cause fondamentali del malcontento. Si dedicò a una meditazione intensiva, cercando di coltivare uno stato di profonda consapevolezza e consapevolezza. La sua incrollabile determinazione era evidente mentre perseguiva instancabilmente pratiche spirituali, dimostrando un livello ineguagliabile di disciplina e dedizione.

Inoltre, Siddhartha dimostrò una straordinaria forza d'animo nel superare gli ostacoli interiori e dissipare i veli dell'ignoranza che avevano offuscato la sua comprensione. Attraverso uno spirito implacabile di auto-indagine, affrontò le sue paure, i suoi desideri e i suoi attaccamenti più profondi, svelando gradualmente gli strati di condizionamento che perpetuano la sofferenza. La profondità del suo impegno in questo processo era senza pari, riflettendo una risoluta determinazione a trascendere i confini dell'esistenza ordinaria.

Mentre Siddhartha si preparava per le fasi finali della sua ricerca, la sua incrollabile determinazione brillava con una brillantezza inconfutabile, ispirando soggezione e ammirazione tra coloro che assistevano al suo viaggio. Il suo coraggio di fronte a sfide apparentemente insormontabili esemplificava l'epitome della dedizione spirituale, fungendo da testimonianza della capacità di trasformazione e trascendenza dell'indomito spirito umano.

Meditazione sotto l'albero della Bodhi:

Siddhartha, con incrollabile determinazione e sconfinata risolutezza, si sistemò sotto l'illustre albero Bodhi, simbolo di illuminazione e risveglio spirituale. In questa sacra e consacrata vicinanza, si immerse in una profonda meditazione, trascendendo il regno della coscienza ordinaria e immergendosi nelle profondità della contemplazione. La serenità atmosferica lo avvolse mentre intraprendeva un arduo ma trasformativo viaggio di auto-esplorazione e realizzazione.

Sotto la volta dell'antico albero Bodhi, Siddhartha affinò diligentemente le sue facoltà mentali, incanalando la sua attenzione verso l'interno per svelare i misteri dell'esistenza. Attraverso una concentrazione incrollabile e una pratica disciplinata, si addentrò nei recessi della sua coscienza, confrontandosi con i veli di illusione e ignoranza che avevano avvolto la sua percezione per innumerevoli vite. Mentre i giorni calavano nelle notti, l'incrollabile impegno di Siddhartha nel cercare la verità e la liberazione non vacillò mai, con ogni respiro che lo avvicinava all'apice delle intuizioni profonde.

L'arduo cammino della meditazione sotto l'albero della Bodhi racchiudeva una serie di lotte e trionfi interiori, con Siddhartha alle prese con le innumerevoli distrazioni e tentazioni che cercavano di far deragliare la sua nobile ricerca. Eppure, in mezzo alle formidabili prove, il suo spirito risoluto rimase incrollabile, alimentato da una determinazione incrollabile a dissotterrare la natura fondamentale dell'esistenza umana e a sciogliere le catene della sofferenza.

Qui, sotto il venerabile albero della Bodhi, Siddhartha si immerse negli strati della sua coscienza, svelando l'intreccio di emozioni, percezioni ed esperienze che caratterizzano la condizione umana. Si confrontò con la natura impermanente di tutti i fenomeni, penetrando attraverso la facciata effimera delle lusinghe mondane per contemplare le verità immutabili che si trovano al di là.

Mentre la luna cresceva e calava, e le costellazioni tracciavano i loro archi celesti, la veglia contemplativa di Siddhartha sotto l'albero della Bodhi si avvicinava alla sua apoteosi. La sua diligenza e perseveranza culminarono in un momento epocale di profonda rivelazione interiore e trasformazione, annunciando l'imminente alba dell'illuminazione e la cessazione della sofferenza.

La Notte dell'Illuminazione:

Mentre la luna gettava il suo dolce chiarore sul tranquillo albero di Bodhi, Siddhartha Gautama si immerse in uno stato di profonda meditazione. La notte era piena di un'aura di profondo silenzio, punteggiata solo dal dolce fruscio delle foglie nella brezza gentile. Mentre sedeva con incrollabile determinazione, Siddhartha affrontò i recessi più profondi della sua coscienza, trascendendo i limiti della percezione ordinaria. In questo momento cruciale, le catene dell'ignoranza e dell'illusione iniziarono a disfarsi, aprendo la strada a una straordinaria trasformazione. La pura intensità della sua meditazione illuminò il cammino verso una profonda comprensione, dissolvendo gradualmente i veli di confusione che avevano annebbiato la sua mente per così tanto tempo.

Con incrollabile determinazione, Siddhartha affrontò il formidabile assalto di tentazioni e incertezze che cercavano di distoglierlo dalla sua ricerca dell'illuminazione. I conflitti interni infuriavano ferocemente, riflettendo l'antica lotta tra le forze dell'oscurità e l'illuminazione della saggezza. Eppure, saldo nella sua determinazione, il futuro Buddha rimase ancorato alla sua ricerca della verità e della liberazione. Il cielo notturno fu testimone della sua incrollabile dedizione, mentre camminava sul precipizio della profonda realizzazione e trasformazione.

Mentre le ore scorrevano, Siddhartha sperimentò una battaglia inflessibile nelle profondità del suo essere, lottando contro le incessanti ondate di desiderio e avversione che minacciavano di oscurare il cammino verso l'illuminazione. Con ogni impulso di energia cosmica che fluiva attraverso il suo essere, i veli dell'illusione si dissolvevano ulteriormente, mettendo a nudo la natura ultima della realtà. In questo abbraccio con il cosmo, Siddhartha trascendeva i limiti dell'esperienza umana ordinaria, avvicinandosi sempre di più alla soglia del risveglio.

Nell'abbraccio silenzioso della notte, il mondo dormiva ignaro della monumentale metamorfosi spirituale che si stava svolgendo sotto l'albero della Bodhi. La radiosa luminescenza del risveglio accese l'essere di Siddhartha, penetrando gli strati dell'ignoranza e illuminando la distesa delle verità universali. Il culmine di innumerevoli vite di ricerca e impegno si manifestò in questo momento sacro, quando Siddhartha emerse dalla crisalide della sofferenza per contemplare l'infinita effulgenza della mente risvegliata. Le difficoltà dell'esistenza si dispiegarono davanti a lui, rivelando l'arazzo interconnesso della natura transitoria della vita e offrendo intuizioni sulla natura profonda della sofferenza e della liberazione. La notte dell'illuminazione segnò la trascendenza di Siddhartha Gautama, il principe diventato asceta, nell'impareggiabile splendore del Buddha, il risvegliato.

Il momento del risveglio:

Dopo la notte di profonda meditazione sotto l'albero Bodhi, Siddhartha Gautama sperimentò il momento del risveglio, noto come "Bodhi" nella tradizione buddista. Fu un momento trasformativo e cruciale che trascendeva i limiti della comune coscienza umana. All'alba, Siddhartha ottenne profonde intuizioni sulla vera natura dell'esistenza e sulle cause della sofferenza. Questo momento segnò il culmine del suo viaggio spirituale, poiché emerse con una maggiore consapevolezza e un senso di profonda chiarezza. Il Buddha appena risvegliato percepì il mondo con una saggezza senza nubi, vedendo l'interconnessione di tutti i fenomeni e la legge universale della causalità.

L'esperienza del risveglio determinò un cambiamento fondamentale nella comprensione della realtà da parte di Siddhartha. Ottenne una percezione diretta delle Quattro Nobili Verità e della natura del desiderio, dell'attaccamento e dell'avversione come cause profonde della sofferenza. Questa profonda realizzazione lo liberò dal ciclo di infinite rinascite e offrì un percorso verso la liberazione per tutti gli esseri senzienti. Il momento del risveglio non fu semplicemente una realizzazione intellettuale o emotiva, ma una trasformazione completa ai livelli più profondi della coscienza.

Con la sua nuova saggezza e compassione, il Buddha riconobbe la sofferenza insita nell'esistenza umana e il potenziale per la trascendenza. Il suo risveglio aprì la strada allo sviluppo della Via di Mezzo, un approccio equilibrato e olistico alla vita che si allontanava dall'ascetismo estremo da un lato e dall'indulgenza nei piaceri sensuali dall'altro. Il risveglio del Buddha illuminò anche il percorso verso la pace interiore, la condotta etica e la coltivazione mentale, gettando le basi per i suoi insegnamenti sull'Ottuplice Sentiero.

Il momento del risveglio, sebbene personale per il Buddha, aveva implicazioni universali. Divenne la pietra angolare della filosofia e della pratica buddista, offrendo un modello per gli individui che cercano la libertà dalla sofferenza e l'illuminazione. Gli insegnamenti che emanarono da questo momento continuano a ispirare e guidare innumerevoli ricercatori nei loro viaggi verso l'autorealizzazione e il risveglio spirituale. L'impatto del risveglio del Buddha riecheggia nel tempo, invitando i praticanti a esplorare le profondità della loro coscienza e a realizzare il potenziale innato per l'illuminazione dentro di sé.

Girando la Ruota del Dharma:

Dopo aver raggiunto l'illuminazione, il Buddha intraprese una fase cruciale della sua missione: la diffusione delle sue profonde intuizioni e dei suoi insegnamenti al mondo. Questo periodo cruciale è racchiuso nella frase "Girare la Ruota del Dharma", che simboleggia l'inizio del discorso pubblico del Buddha sui principi essenziali dell'esistenza e sul percorso verso la liberazione. Rappresenta l'inaugurazione formale della tradizione buddista, poiché il Buddha condivise le Quattro Nobili Verità e spiegò l'Ottuplice Sentiero per alleviare la sofferenza e raggiungere l'illuminazione.

Il primo sermone del Buddha, noto come Dhammacakkappavattana Sutta, pronunciato nel parco dei cervi a Sarnath vicino a Varanasi, segnò l'inizio delle sue attività di insegnamento. In questo discorso inaugurale, il Buddha spiegò i concetti fondamentali della sofferenza (Dukkha), le sue origini, la sua cessazione e il percorso che conduce alla sua cessazione. La profondità e la chiarezza dei suoi insegnamenti catturarono il pubblico, gettando le basi per l'istituzione del Sangha monastico.

Mentre il Buddha attraversava varie regioni dell'antica India, i suoi discorsi trovavano eco in persone di diversi strati sociali. I suoi insegnamenti etici, le pratiche meditative e la saggezza pragmatica instillarono un senso di speranza, scopo e trasformazione tra i suoi seguaci. La presentazione di discorsi di impatto, come l'Anattalakkhana Sutta sul non-sé e il Metta Sutta sulla gentilezza amorevole, sottolineavano la natura versatile e completa dei suoi insegnamenti che affrontavano la condizione umana in tutte le sue sfaccettature.

La trasmissione del Dharma si estendeva oltre il dialogo verbale; comprendeva atti di compassione, dimostrazione di condotta morale e l'incarnazione della consapevolezza nelle azioni quotidiane. Le interazioni con individui di diversa provenienza, tra cui re, mercanti, asceti e laici, dimostravano l'applicabilità universale degli insegnamenti del Buddha, trascendendo le gerarchie sociali e i confini culturali.

L'impatto degli insegnamenti del Buddha non si limitò agli ascoltatori immediati, ma durò nel tempo, ispirando innumerevoli generazioni future. Attraverso gli sforzi collettivi del Sangha e la conservazione della tradizione orale, i discorsi del Buddha furono sistematicamente documentati e trasmessi, assicurandone l'eredità. Il Turning of the Wheel of Dharma simboleggia quindi l'inizio di un viaggio eterno di diffusione della saggezza, della compassione e della ricerca della verità in tutta l'umanità.

Insegnamento e diffusione del Dharma:

Dopo aver raggiunto l'illuminazione sotto l'albero della Bodhi, Siddhartha Gautama, ora noto come Buddha, intraprese una missione per trasmettere le sue profonde intuizioni e i suoi insegnamenti agli altri. Questa fase cruciale della sua vita segnò l'inizio del suo ruolo di insegnante compassionevole e guida spirituale. L'approccio del Buddha all'insegnamento era caratterizzato da mezzi abili, adattabilità e una profonda comprensione delle diverse esigenze e capacità dei suoi ascoltatori.

Uno degli eventi più significativi di questo periodo fu il primo sermone del Buddha al Deer Park di Sarnath, dove espose i principi fondamentali del Buddhismo ai suoi cinque ex compagni, articolando le Quattro Nobili Verità e l'Ottuplice Sentiero. Questo insegnamento inaugurale, noto come "Girare la Ruota del Dharma", stabilì le fondamenta della fede buddista e diede il via alla diffusione della saggezza del Buddha nel mondo.

Gli insegnamenti del Buddha non erano limitati a nessun gruppo sociale o culturale specifico; egli tenne discorsi a persone di ogni ceto sociale, inclusi laici, asceti, re, mercanti e intellettuali. I suoi discorsi erano pensati per rispondere alle preoccupazioni e alle aspirazioni di individui diversi, impiegando parabole, similitudini e analogie per trasmettere verità profonde in un linguaggio accessibile.

Inoltre, le attività missionarie del Buddha si estesero oltre i confini della sua comunità immediata. Inviò i suoi discepoli, in particolare i venerabili Ananda e Mahaprajapati Gotami, a propagare il Dharma e a fondare comunità monastiche. Il sangha (comunità monastica) fungeva da ecosistema di supporto sia per i praticanti spirituali che per i seguaci laici, promuovendo una cultura di apprendimento, contemplazione e vita etica.

Lo straordinario impatto degli insegnamenti del Buddha trascendeva i confini geografici e temporali, raggiungendo il subcontinente indiano e oltre. Attraverso il suo impegno compassionevole e gli insegnamenti etici, il Buddha ha fornito quadri trasformativi per la condotta personale, le relazioni interumane e l'armonia sociale. I precetti etici di non violenza, compassione e consapevolezza permeavano il tessuto delle società buddiste, contribuendo alla coltivazione della coesistenza pacifica e del benessere comunitario.

La diffusione del Dharma non si limitava solo all'istruzione verbale; il Buddha impiegò vari metodi pedagogici, tra cui dare l'esempio, incarnare le virtù da lui professate e incoraggiare l'indagine critica e l'introspezione. La sua enfasi sulla comprensione esperienziale e sulla realizzazione diretta gettò le basi per una tradizione che dava priorità all'indagine e all'intuizione individuali, piuttosto che all'adesione cieca al dogma.

Ultimi anni e Parinirvana:

Mentre il Buddha entrava nei suoi ultimi anni, continuò a diffondere i suoi insegnamenti sia alle comunità monastiche che ai seguaci laici. Viaggiò molto attraverso la pianura del Gange, impartendo saggezza e guida a tutti coloro che cercavano il suo consiglio. Durante questo periodo, il Buddha fornì anche istruzioni pratiche per l'organizzazione e il governo del Sangha monastico, gettando le basi per la conservazione e la continuazione dei suoi insegnamenti dopo la sua scomparsa.

Nel mezzo dei suoi instancabili sforzi per perpetuare il Dharma, il Buddha incontrò disturbi fisici che segnalavano l'avvicinarsi della fine del suo viaggio terreno. Riconoscendo la natura transitoria dell'esistenza, riconobbe l'impermanenza della vita e iniziò i preparativi per il suo parinirvana, o passaggio finale al nirvana. Si dice che durante questo periodo, abbia pronunciato le sue parole di commiato ai suoi discepoli, sottolineando la legge universale dell'impermanenza e spingendoli a perseguire diligentemente la propria liberazione dalla sofferenza.

Nei sereni dintorni di Kushinagar, incastonato tra due alberi di Sal, il Buddha raggiunse il compimento del suo soggiorno terreno. Accompagnato da un gruppo di discepoli devoti, l'Illuminato entrò in profonda meditazione, trascendendo i confini dell'esistenza mondana e raggiungendo il parinirvana. La sua dipartita segnò il culmine di una vita straordinaria dedicata al risveglio dell'umanità alle verità dell'esistenza e al cammino verso la liberazione.

L'evento del parinirvana del Buddha ha un profondo significato nella tradizione buddista, simboleggiando la liberazione definitiva dal ciclo di nascita, morte e rinascita. La sua vita esemplare e la sua liberazione finale servono da luce guida per i seguaci, ispirandoli a percorrere il nobile sentiero della compassione, della saggezza e del distacco. Il sito del suo parinirvana, ora commemorato come luogo di venerazione, continua ad attrarre innumerevoli pellegrini e devoti, offrendo uno spazio sacro per la contemplazione e la riverenza.

Capitolo I
STRUTTURE SOCIALI NELL'INDIA DEL BUDDHA

Sistema delle caste:

Il sistema delle caste nell'antica India era una struttura sociale complessa che ha svolto un ruolo significativo nel plasmare il quadro sociale durante il periodo del Buddha. Le sue origini possono essere fatte risalire al periodo vedico, dove è probabile che sia emerso come mezzo per organizzare e regolare la società. Nel tempo, il sistema delle caste si è evoluto in una rigida disposizione gerarchica, con ruoli e responsabilità distinti assegnati a ogni varna (classe sociale).

Al vertice della gerarchia delle caste c'erano i Brahmini, che ricoprivano la posizione stimata di sacerdoti e studiosi. Erano responsabili dell'esecuzione di cerimonie religiose, della trasmissione della conoscenza e del mantenimento delle tradizioni spirituali e culturali della società. Al di sotto di loro c'erano gli Kshatriya, la classe guerriera e dirigente, incaricati del governo, della protezione e dell'amministrazione della giustizia. I Vaishya, comprendenti mercanti e artigiani, formavano lo strato successivo, contribuendo alle attività economiche e al commercio.

Occupando il livello più basso del sistema delle caste c'erano gli Shudra, che servivano principalmente i tre varna superiori in occupazioni come l'agricoltura, il lavoro e altri compiti umili. Oltre a questi quattro varna primari, esisteva un altro gruppo noto come Dalit o Intoccabili, che erano ostracizzati dalla società dominante e relegati a svolgere i compiti più stigmatizzati e degradanti.

La rigidità del sistema delle caste dettava non solo l'occupazione di una persona, ma anche le interazioni sociali, le prospettive di matrimonio e l'accesso a risorse e opportunità. Ogni varna era tenuta ad aderire a specifici codici di condotta, noti come dharma, che comprendevano doveri morali ed etici allineati con i rispettivi ruoli nella società. Per secoli, questo sistema ha perpetuato divisioni e disuguaglianze sociali, spesso risultando nell'emarginazione e nella privazione dei diritti di certi gruppi.

Nonostante la sua prevalenza, il sistema delle caste non fu esente da critiche, poiché fu esaminato attentamente dai primi riformatori e filosofi, tra cui Siddhartha Gautama. Gli insegnamenti del Buddha sottolineavano l'universalità della sofferenza umana e l'importanza di trascendere le etichette e le divisioni sociali, sfidando le nozioni profondamente radicate di discriminazione basata sulle caste.

Vita rurale e urbana:

Al tempo del Buddha, l'antica India era caratterizzata da una vasta gamma di stili di vita e demografia, influenzati sia da contesti rurali che urbani. Nelle aree rurali, la società agraria era dominante, con la maggior parte della popolazione impegnata in attività agricole come l'agricoltura, l'allevamento di animali e le industrie artigianali. La popolazione rurale viveva in comunità molto unite, dove il lavoro collettivo e la cooperazione comunitaria erano parte integrante del loro stile di vita. I villaggi erano spesso autosufficienti, con ogni famiglia che contribuiva al benessere generale della comunità. Inoltre, la vita rurale ruotava attorno ai cicli della natura, con pratiche agrarie profondamente radicate nella conoscenza tradizionale e nelle variazioni stagionali.

D'altro canto, i centri urbani nell'antica India vantavano mercati vivaci, laboratori artigianali e centri amministrativi. Queste città erano vivaci per il commercio e gli scambi commerciali, attraendo una varietà di professionisti qualificati, mercanti e funzionari governativi. Gli abitanti delle città godevano di uno stile di vita più cosmopolita, con accesso a una gamma più ampia di beni e servizi. Inoltre, la composizione demografica delle città era caratterizzata dalla diversità, poiché persone provenienti da diverse regioni e background culturali convergevano in questi melting pot urbani. Il tessuto sociale della vita urbana favoriva interazioni tra vari strati della società, portando a un ricco arazzo di tradizioni e costumi.

Dal punto di vista demografico, l'antica società indiana mostrava una complessa interazione di fattori quali età, genere e status socio-economico. I diversi gruppi di età avevano ruoli e responsabilità distinti, con gli anziani venerati per la loro saggezza ed esperienza, mentre ci si aspettava che i giovani sostenessero i valori della loro eredità. Anche le dinamiche di genere erano prevalenti, con norme sociali specifiche che regolavano la condotta e le aspettative associate a uomini e donne. Inoltre, la stratificazione della società basata su fattori socio-economici permeava tutti gli aspetti della vita, influenzando le scelte occupazionali, l'accesso alle risorse e le vie per la mobilità sociale.

Dinamiche familiari e responsabilità sociali:

Nell'antica società indiana, l'unità familiare era la pietra angolare dell'organizzazione sociale, influenzando non solo le relazioni personali ma anche le dinamiche più ampie della comunità. Al centro della vita familiare c'era il concetto di "grhastha", o capofamiglia, che erano responsabili del mantenimento delle tradizioni, del mantenimento della continuità familiare e del contributo al benessere generale della società.

I ruoli e le responsabilità all'interno della famiglia erano chiaramente definiti, con ogni membro che aveva doveri e obblighi distinti. Il sistema patriarcale era prevalente, con il capofamiglia maschio che esercitava un'autorità significativa sul processo decisionale e rappresentava la famiglia nelle questioni pubbliche. Le donne, d'altro canto, erano incaricate di gestire la sfera domestica, tra cui l'educazione dei figli, la manutenzione della casa e l'esecuzione di riti religiosi.

Inoltre, le relazioni familiari si estendevano oltre la famiglia nucleare, comprendendo una rete più ampia di parenti e legami di parentela. Queste connessioni costituivano la base dei sistemi di supporto sociale, della cooperazione economica e della solidarietà intergenerazionale. L'interdipendenza tra i membri della famiglia coltivava un forte senso di identità collettiva e di fiducia reciproca, sottolineando l'importanza dell'unità e dell'armonia all'interno dei diversi rami di una stirpe.

Le responsabilità sociali erano intrecciate con gli obblighi familiari, poiché ci si aspettava che gli individui mantenessero una condotta etica, rispettassero i costumi tradizionali e contribuissero al miglioramento della loro comunità immediata. Gli atti di carità, ospitalità e altruismo erano considerati aspetti integrali del dovere familiare, riflettendo l'interconnessione tra virtù personale e benessere comunitario.

Inoltre, la trasmissione di valori culturali e pratiche religiose avveniva principalmente nel contesto familiare, con gli anziani che fungevano da custodi della conoscenza e della guida morale. L'istruzione, in particolare sotto forma di insegnamenti orali e narrazione, serviva come mezzo per impartire saggezza, nutrire il carattere e preservare l'eredità ancestrale. Questo trasferimento intergenerazionale di saggezza ed etica rafforzava la continuità culturale che sosteneva la coesione sociale.

Capitolo II
PANORAMA POLITICO AI TEMPI DI SIDDHARTA

Il panorama politico durante la vita di Siddhartha era caratterizzato da una vasta gamma di regni e repubbliche, ognuno con la propria struttura politica e influenza territoriale unica. I regni più importanti come Magadha, Kosala, Vajji e Avanti esercitavano un'influenza significativa sulla regione, mentre gli stati repubblicani, tra cui la famosa Confederazione Vajjian, erano noti per i loro distinti modelli di governo. Magadha, in particolare, emerse come forza dominante sotto il governo del re Bimbisara e gettò le basi per il successivo Impero Maurya. La sua posizione strategica e la formidabile forza militare gli permisero di espandere il suo controllo territoriale ed esercitare influenza sui principati vicini. Kosala, guidata dal re Pasenadi, svolse anche un ruolo cruciale nel plasmare il panorama politico, impegnandosi sia in alleanze che in conflitti con altri stati.

Nel frattempo, la Confederazione Vajjian si distinse come un esempio unico di repubblica, comprendente diversi clan potenti e impiegando un sistema di controlli ed equilibri per mantenere la stabilità. Questa federazione di tribù e territori dimostrò un impegno condiviso per la governance democratica e il processo decisionale collettivo, sfidando le strutture monarchiche prevalenti dell'epoca. Inoltre, le repubbliche di Malla e Licchavi affermarono la loro autonomia attraverso sforzi cooperativi e difesa territoriale.

Lo sviluppo del Buddhismo nelle sue fasi iniziali fu significativamente influenzato dal panorama politico dell'antica India, in particolare dalle dinamiche di potere e dalle politiche di varie entità dominanti. Le strutture di governo e di governance prevalenti durante questo periodo giocarono un ruolo cruciale nel plasmare le interazioni tra le nascenti comunità buddiste e le autorità dominanti. L'autorità politica fu distribuita tra diversi regni e repubbliche, ognuno con i suoi distinti quadri amministrativi e metodi di governo. L'interazione di potere, alleanze e conflitti plasmò l'ambiente socio-politico, influenzando direttamente la propagazione di ideologie religiose come il Buddhismo.

Inoltre, le politiche emanate dai governanti, che spaziavano dal patronato alla persecuzione, avevano implicazioni di vasta portata sulla crescita e il sostentamento delle comunità buddiste. Esaminando la rete di statecraft e governance si rivelano i modi sfumati in cui i governanti utilizzavano la loro influenza per supportare o reprimere la diffusione del Buddhismo. Inoltre, le decisioni legislative e amministrative riguardanti la religione spesso determinavano il livello di libertà e protezione accordato ai praticanti e alle istituzioni buddiste.

D'altro canto, il clientelismo politico ha svolto un ruolo fondamentale nel plasmare la crescita e l'affermazione del Buddhismo nell'India primitiva. Il sostegno e l'approvazione delle élite al potere, tra cui monarchi, governatori regionali e funzionari influenti, hanno avuto un impatto significativo sullo sviluppo delle comunità e delle dottrine buddiste. Questa relazione simbiotica tra autorità politiche e sangha buddhista ha prodotto conseguenze multiformi che hanno riverberato nel panorama socio-politico dell'epoca.

Un aspetto importante del patronato politico era la fornitura di risorse materiali alle istituzioni monastiche buddiste. I governanti spesso assegnavano terreni, fondi e risorse per la costruzione di vihara, stupa e altri edifici religiosi, favorendo così l'infrastruttura fisica essenziale per la propagazione degli insegnamenti buddisti. Inoltre, il patronato si estendeva oltre le semplici dotazioni, comprendendo la protezione e la conservazione dei monasteri buddisti e dei luoghi sacri. Questo sostegno continuo rafforzava l'influenza e la legittimità della comunità monastica, consentendo loro di funzionare come centri vitali di apprendimento, meditazione e culto comunitario.

Inoltre, il patronato politico esercitò una notevole influenza sull'evoluzione dottrinale del Buddhismo. La stretta associazione tra i governanti e il clero buddista fornì opportunità per l'integrazione delle ideologie statali con i principi buddisti. In numerosi casi, i monarchi si impegnarono attivamente nella diffusione delle dottrine buddiste, incoraggiando la traduzione e la promulgazione di testi sacri e scritture. Contemporaneamente, la sponsorizzazione reale facilitò la convocazione di consigli e assemblee buddiste, promuovendo il consenso dottrinale e risolvendo le controversie teologiche all'interno del sangha.

Il patronato dei governanti catalizzò anche la diffusione del Buddhismo oltre i confini dei centri urbani, permeando l'entroterra rurale e i territori più remoti. Allineandosi alle autorità governanti, i missionari buddisti e gli inviati monastici ricevettero protezione diplomatica e sostegno finanziario, consentendo l'espansione della fede in diverse regioni geografiche. In questo modo, il patronato politico servì da canale per la proliferazione di ideali e pratiche buddiste, contribuendo alla pluralità religiosa e alla diffusione culturale prevalenti in tutta l'antica India.

Tuttavia, mentre alcuni governanti abbracciarono con tutto il cuore il Buddhismo e divennero ferventi sostenitori della sua propagazione, altri utilizzarono il patronato come strumento per consolidare il loro dominio, impiegando il Buddhismo come forza unificante per migliorare la coesione sociale e delineare l'identità nazionale.

Capitolo III
CROCEVIA DI TRADIZIONI INTELLETTUALI

Tra le più importanti e antiche tradizioni intellettuali in India c'è la tradizione vedica, che costituisce il fondamento della filosofia e delle pratiche religiose indù. La sua origine risale alla migrazione indo-ariana nel subcontinente indiano intorno al 1500 a.C. Centrale nel pensiero vedico è la concezione di un ordine cosmico che riflette l'armonia e l'interazione di vari elementi naturali e divinità. Le pratiche rituali, come gli yajna (offerte sacrificali) e le recitazioni di inni, erano parte integrante dello stile di vita vedico, fungendo da mezzo per stabilire connessioni con il regno divino e garantire il sostentamento dell'universo.

Uno dei principi fondamentali della tradizione vedica risiede nel riconoscimento dell'interconnessione tra il macrocosmo e il microcosmo. Il cosmo era concepito come un riflesso del divino, con l'esecuzione di rituali visti come una rievocazione simbolica dei processi celesti e un'affermazione dell'armonia cosmica. Inoltre, la struttura teologica dei Veda ha stabilito un pantheon di divinità che rappresentano varie forze della natura e principi cosmici, ognuno dei quali ha un significato nell'ordine cosmico e nell'esistenza umana.

Un aspetto significativo del pensiero vedico riguarda la ricerca del dharma, che comprende doveri morali ed etici nei regni individuali e sociali. Questo codice etico guidava la condotta personale, le interazioni sociali e i doveri verso la propria famiglia, comunità e il cosmo più ampio. Inoltre, i Veda contenevano profonde riflessioni filosofiche riguardanti la natura della realtà, lo scopo dell'esistenza e la natura ciclica della creazione e della dissoluzione, gettando così le basi per l'indagine metafisica speculativa.

Il corpus della letteratura vedica, comprendente i quattro Veda (Rigveda, Samaveda, Yajurveda e Atharvaveda), forniva intuizioni su concetti cosmologici, riti sacrificali e indagini speculative sulle verità ultime dell'esistenza. Attraverso inni e invocazioni, i veggenti vedici si immergevano in profonde contemplazioni sulla natura della realtà, della coscienza e dell'interconnessione di tutti i fenomeni.

D'altro canto, incontriamo le Upanishad, una raccolta di antichi testi filosofici indiani, che costituiscono parte integrante della letteratura vedica e sono profondamente radicate nella storia spirituale e intellettuale dell'India. Rappresentando un profondo cambiamento nel pensiero filosofico, le Upanishad esplorano le questioni fondamentali sulla natura dell'esistenza, il sé e la realtà ultima, nota come Brahman. I saggi delle Upanishad si sono addentrati nella natura esoterica della realtà e della coscienza attraverso una serie di dialoghi perspicaci, spesso tra un guru (insegnante) e un discepolo, con l'obiettivo di svelare i misteri della vita e dell'esistenza. Questi dialoghi chiariscono gli aspetti mistici e metafisici dell'esistenza, aprendo la strada a una profonda contemplazione sulla natura della realtà e del sé.

Al centro del pensiero Upanishad c'è la nozione di Atman, il sé individuale, e la sua relazione con Brahman, l'anima universale o realtà ultima. Le Upanishad espongono il concetto che realizzare l'unità di Atman e Brahman porta alla liberazione dal ciclo di nascita e morte, ottenendo infine moksha, o liberazione spirituale. Inoltre, le Upanishad sottolineano l'importanza della meditazione, dell'auto-indagine e della pratica spirituale come mezzi per comprendere la natura della realtà e raggiungere l'illuminazione. Le profonde intuizioni offerte dalle Upanishad hanno influenzato in modo significativo non solo la filosofia e la spiritualità indiana, ma hanno anche affascinato le menti di pensatori e filosofi in tutto il mondo. La loro esplorazione della coscienza, dell'esistenza e della natura della realtà continua a ispirare i ricercatori nella ricerca della conoscenza trascendentale e del risveglio interiore.

Infine, l'esplorazione delle scuole eterodosse nell'antica India offre uno sguardo affascinante sul variegato panorama intellettuale che Siddhartha Gautama incontrò. Tra queste scuole, la filosofia Charvaka si distingue come una tradizione materialistica e atea che rifiutava l'autorità dei Veda e sottolineava la percezione empirica come unico mezzo per acquisire conoscenza. I sostenitori di Charvaka avevano una visione deterministica della vita, affermando che il mondo fisico era l'unica realtà e ignorando le dimensioni spirituali o metafisiche.

In netto contrasto con le inclinazioni materialistiche di Charvaka, il giainismo emerse come una filosofia guidata dalla morale che sosteneva la non violenza (ahimsa) e l'ascetismo. Fondato da Mahavira, il giainismo poneva un'enfasi fondamentale sulla liberazione spirituale individuale attraverso la rigorosa aderenza ai principi etici e il distacco dai desideri materiali. Il profondo impatto della tradizione giainista sul pensiero indiano è evidente nella sua influenza su concetti come la non violenza e la compassione.

Inoltre, il periodo precedente l'avvento del Buddhismo vide la presenza di vari primi scettici che misero in discussione le convenzioni religiose e filosofiche prevalenti. Questi scettici affrontarono indagini esistenziali e si impegnarono in discorsi critici, contribuendo al fermento intellettuale del tempo. Attraverso il loro scetticismo, gettarono le basi per l'indagine analitica e la ricerca della verità attraverso il ragionamento dialettico.

Capitolo IV
APPROCCIO AGLI INSEGNAMENTI DEL BUDDHA

Gli insegnamenti fondamentali del Buddhismo si concentrano su concetti chiave come le Quattro Nobili Verità e l'Ottuplice Sentiero. Le Quattro Nobili Verità, che comprendono la realtà della sofferenza, l'origine della sofferenza, la cessazione della sofferenza e il percorso verso la cessazione della sofferenza, sono la pietra angolare del pensiero Buddhista, offrendo intuizioni profonde sulla natura dell'esistenza umana. Inoltre, l'Ottuplice Sentiero delinea un quadro completo per la condotta etica, la disciplina mentale e il raggiungimento della saggezza, delineando i passaggi che conducono i praticanti verso la liberazione dal ciclo della sofferenza. Nella sua essenza, il Buddhismo cerca di offrire un quadro completo per comprendere la condizione umana e come alleviare la sofferenza, sia a livello individuale che sociale.

Inoltre, il concetto di impermanenza (Anicca), insoddisfazione (Dukkha) e non-sé (Anatta) sono fondamentali per gli insegnamenti buddhisti, sottolineando la natura transitoria dell'esistenza e l'impermanenza di tutti i fenomeni. L'interconnessione di queste dottrine tesse un arazzo di intuizione filosofica mirata a trascendere il ciclo di sofferenza insito nell'esperienza umana.

Insieme a questi fondamenti filosofici, il Buddhismo sposa una serie di pratiche progettate per coltivare consapevolezza, compassione e saggezza. Centrale tra queste pratiche è la meditazione, che funge da strumento trasformativo per promuovere l'autoconsapevolezza, la concentrazione e l'intuizione. Diverse forme di meditazione, come la meditazione Vipassana e Metta, sono componenti integrali del percorso Buddhista e sono fondamentali per approfondire la comprensione della mente e delle emozioni.

Oltre alla meditazione, la condotta etica ha un ruolo fondamentale nella pratica buddista. I Cinque Precetti, che comprendono l'astensione dal danneggiare gli esseri viventi, dal rubare, dal dedicarsi a una condotta sessuale scorretta, dal parlare falso e dal consumare sostanze inebrianti, servono come linee guida morali che sostengono la coltivazione della virtù e della moderazione. Aderendo a questi precetti, gli individui cercano di purificare le proprie azioni, parole e mezzi di sostentamento, contribuendo così al benessere personale e al benessere degli altri.

L'incarnazione della generosità e dell'altruismo è un altro pilastro dell'etica buddista, esemplificato attraverso atti di carità e servizio disinteressato per alleviare la sofferenza degli altri. Attraverso la pratica di Dana (generosità), i buddisti si sforzano di coltivare uno spirito di compassione e interconnessione, riconoscendo l'interdipendenza di tutti gli esseri e il potenziale per la prosperità collettiva.

In quanto tali, i principi fondamentali e le pratiche del Buddhismo non solo delineano un percorso completo verso la trasformazione interiore, ma generano anche una visione di armonia comunitaria e benessere globale. Basandosi su questi principi, i seguaci del Buddhismo si sforzano di incarnare gli insegnamenti di Siddharta Gautama, coltivando saggezza, compassione e vita etica per attualizzare il profondo potenziale per il risveglio individuale e collettivo.

Capitolo V
LA PRIMA NOBILE VERITÀ - DUKKHA

La sofferenza, nota come Dukkha nel contesto buddista, comprende un'ampia gamma di esperienze che vanno oltre il semplice dolore fisico o la sofferenza emotiva. Per ottenere una comprensione completa di Dukkha, è essenziale esplorare le diverse dimensioni della sofferenza che gli individui possono incontrare nel corso della loro vita.

Dukkha non si limita alle forme palesi di dolore; incapsula anche forme sottili di insoddisfazione, disagio e irrequietezza che pervadono l'esistenza umana. Queste possono manifestarsi come sentimenti di frustrazione, ansia o malcontento indipendentemente dalle circostanze esterne. Inoltre, Dukkha si estende all'impermanenza o transitorietà insita in tutti gli aspetti della vita, portando a un senso pervasivo di insoddisfazione e desiderio.

Inoltre, è fondamentale riconoscere le dimensioni psicologiche ed esistenziali della sofferenza. Ciò include l'angoscia esistenziale, la paura della morte e la ricerca di un significato e di uno scopo nella vita. I conflitti interiori derivanti dalla condizione umana contribuiscono in modo significativo all'aspetto esistenziale della sofferenza. Inoltre, l'angoscia mentale, come la dissonanza cognitiva, le crisi esistenziali e la disillusione spirituale, costituiscono anche componenti integrali della natura multiforme di Dukkha.

La natura fondamentale di Dukkha si estende oltre il semplice dolore fisico o emotivo, comprendendo un profondo senso di insoddisfazione, insoddisfazione e malcontento che nasce dall'inevitabile impermanenza e inconsistenza di tutti i fenomeni condizionati. Il Buddha ha spiegato che nessun aspetto dell'esistenza umana è privo di Dukkha, che si tratti della nascita, dell'invecchiamento, della malattia, della morte, della separazione da ciò che è caro, dell'incontro con lo spiacevole o dell'incapacità di raggiungere i propri desideri. Indipendentemente dallo status sociale, dalla ricchezza o dai risultati personali, la sofferenza rimane una caratteristica inevitabile della vita.

Inoltre, la rete di interdipendenza e impermanenza lega tutti i fenomeni, portando a un flusso costante che dà origine a varie forme di sofferenza. Questa realizzazione offre una visione delle lotte e delle sfide condivise che uniscono l'umanità attraverso diverse culture e contesti, sottolineando la comunanza intrinseca della condizione umana. Sia nelle società sviluppate che nelle comunità svantaggiate, gli aspetti elementari di Dukkha si manifestano in modi sfaccettati, sottolineandone la rilevanza universale.

D'altra parte, riconoscendo l'ubiquità della sofferenza, gli individui sono spinti a trascendere le prospettive egocentriche e a coltivare compassione e altruismo. Questo cambiamento di coscienza consente il riconoscimento delle vulnerabilità condivise e promuove un senso di interconnessione che trascende le differenze superficiali. Di conseguenza, il riconoscimento della natura universale di Dukkha funge da catalizzatore per coltivare un'empatia più profonda e un'armonia comunitaria, promuovendo una determinazione collettiva ad alleviare la sofferenza sia a livello individuale che sociale.

Molti individui sperimentano una serie di sofferenze, che possono manifestarsi in dimensioni fisiche, emotive e psicologiche. Le prove empiriche della sofferenza nella vita quotidiana evidenziano la natura pervasiva di insoddisfazione, ansia, dolore e malcontento che gli individui incontrano. Attraverso ricerche approfondite e dati empirici, diventa evidente che la sofferenza non è limitata a specifiche demografie o culture, ma è un aspetto universale dell'esistenza umana. Inoltre, studi empirici hanno dimostrato che la sofferenza deriva da varie fonti come malattia, perdita, conflitto e desideri insoddisfatti, sottolineandone ulteriormente l'onnipresenza. Inoltre, studi longitudinali hanno illustrato come gli individui incontrino costantemente sfide e avversità, portando a uno stato continuo di disagio e insoddisfazione. Inoltre, la ricerca in neuroscienza e psicologia ha fornito approfondimenti sui meccanismi fisiologici e cognitivi alla base della sofferenza, offrendo preziose prove empiriche del suo impatto sulla cognizione umana e sul benessere emotivo. L'interconnessione di mente e corpo nell'esperienza della sofferenza è stata anche comprovata attraverso indagini empiriche, dimostrando la profonda influenza della sofferenza sulla qualità di vita complessiva di un individuo. Inoltre, studi osservazionali hanno rivelato gli effetti dannosi della sofferenza sostenuta sulle interazioni sociali, sulle prestazioni lavorative e sulla salute mentale, corroborando ulteriormente la realtà empirica di Dukkha nella vita quotidiana. L'evidenza empirica della sofferenza nella vita quotidiana sottolinea l'importanza di comprendere e affrontare questo aspetto fondamentale dell'esistenza umana, fornendo preziose intuizioni per gli individui che cercano di trascendere l'esperienza pervasiva di Dukkha nelle loro vite.

Nel campo della psicologia, Dukkha viene spesso esaminato attraverso la lente del benessere emotivo e mentale, cercando di comprendere i modi in cui gli individui sperimentano e affrontano le avversità. Un aspetto importante di questa prospettiva riguarda l'esame di stress, ansia e depressione come manifestazioni di Dukkha. Gli psicologi esplorano le cause profonde di questi disturbi emotivi e la loro interconnessione con i concetti fondamentali di insoddisfazione e impermanenza intrinseci alla filosofia buddista. Anche lo studio dei meccanismi di adattamento svolge un ruolo significativo nelle prospettive psicologiche su Dukkha. I ricercatori approfondiscono le strategie adattive e disadattive che gli individui impiegano quando affrontano la sofferenza, mirando a identificare modelli di comportamento e pensiero che contribuiscono alla perpetuazione o all'alleviamento di Dukkha. Inoltre, l'esplorazione delle pratiche di resilienza e consapevolezza all'interno del quadro psicologico offre approcci pratici per mitigare gli effetti di Dukkha e promuovere il benessere psicologico.

I filosofi buddisti hanno ampiamente esaminato l'insoddisfazione intrinseca dell'esistenza, sottolineando l'impermanenza e l'inconsistenza di tutti i fenomeni. Questa indagine filosofica conduce a una comprensione più profonda della natura pervasiva della sofferenza, che trascende il mero dolore fisico o emotivo e si estende all'angoscia esistenziale che accompagna l'esistenza umana.

Inoltre, l'analisi filosofica della sofferenza nel contesto buddista implica un'esplorazione del concetto di Anatta, o non-sé. Questa dottrina sfida la nozione convenzionale di un sé fisso, rivelando come l'attaccamento a un senso di identità fabbricato contribuisca alla sofferenza umana. Attraverso un esame e una contemplazione rigorosi, i filosofi buddisti chiariscono l'interdipendenza di Dukkha con l'illusione dell'individualità, offrendo una prospettiva trasformativa sulla natura della sofferenza.

D'altro canto, l'analisi filosofica buddista della sofferenza comprende le Quattro Nobili Verità, delineando i principi essenziali per comprendere e trascendere Dukkha. Questo quadro fornisce un approccio sistematico per affrontare la sofferenza, riconoscerne l'esistenza, identificarne le cause, realizzarne la cessazione e seguire il percorso verso la liberazione dalla sofferenza.

I malintesi comuni sulla natura di Dukkha spesso derivano da una comprensione superficiale degli insegnamenti buddisti. Un malinteso diffuso è la semplificazione eccessiva di Dukkha come mero dolore fisico o emotivo. In realtà, Dukkha comprende uno spettro molto più ampio di insoddisfazione esistenziale, tra cui, ma non solo, la sofferenza causata dal cambiamento, la sofferenza dovuta all'esistenza condizionata e l'insoddisfazione intrinseca. Un altro malinteso è la convinzione che abbracciare Dukkha implichi la glorificazione della sofferenza o la rassegnazione al destino. Al contrario, il riconoscimento di Dukkha funge da passo fondamentale verso la liberazione e la trascendenza. Non è un invito al fatalismo, ma piuttosto un riconoscimento pragmatico della condizione umana. Inoltre, alcuni equiparano erroneamente Dukkha al nichilismo o al pessimismo, non riuscendo a riconoscere che gli insegnamenti del Buddha offrono un percorso verso la cessazione della sofferenza. Inoltre, esiste un malinteso secondo cui Dukkha è un'esperienza esclusivamente personale, trascurando la sua natura interdipendente e comunitaria. Ciò trascura l'interconnessione di tutti gli esseri e l'esperienza condivisa della sofferenza nel mondo. Inoltre, alcuni considerano erroneamente il concetto di Dukkha come incompatibile con la gioia o la felicità, non riuscendo a comprendere la coesistenza sfumata di entrambi all'interno dell'esperienza umana. Infine, c'è un malinteso secondo cui il riconoscimento di Dukkha diminuisce il valore delle esperienze positive, mentre in realtà favorisce un apprezzamento più profondo dei momenti effimeri della vita. Svelare questi equivoci è essenziale per cogliere la profonda profondità e rilevanza di Dukkha all'interno della filosofia buddista, nonché per dissipare equivoci semplicistici che ostacolano una comprensione completa di questa verità fondamentale.

Capitolo VI
LA SECONDA NOBILE VERITÀ - SAMUDAYA

Introduzione:

La comprensione della Seconda Nobile Verità, focalizzata sull'origine della sofferenza (Samudaya), è intessuta nel tessuto del Buddhismo, chiarisce le cause profonde della sofferenza umana e propone una via verso la cessazione. Illumina le forze sottili ma potenti che sostengono la condizione umana e promuove un ambiente favorevole a una vera introspezione e trasformazione. L'esplorazione di Samudaya non è semplicemente una ricerca intellettuale; è un'odissea trasformativa che alimenta un profondo senso di consapevolezza e consapevolezza.

Abbracciare la Seconda Nobile Verità genera un profondo cambiamento nella coscienza, costringendo gli individui a confrontarsi con l'impermanenza intrinseca dei piaceri mondani e ad addentrarsi nei recessi più profondi della loro psiche. Sostiene un cambiamento radicale dalla gratificazione effimera alla realizzazione duratura, esortando i praticanti a districare la rete intricata di intrecci mondani e a risvegliarsi alla profonda verità dell'interconnessione. In quanto tale, l'elucidazione di Samudaya offre una tabella di marcia per l'emancipazione dalle catene della sofferenza e apre la strada a una vita intrisa di equanimità e saggezza.

Per comprendere il concetto di Samudaya, è fondamentale comprendere il desiderio, l'attaccamento e la loro interconnessione con l'esperienza umana. Samudaya racchiude il principio fondamentale secondo cui la sofferenza nasce da una causa specifica, che ruota prevalentemente attorno all'incessante ricerca di desideri e attaccamenti mondani.

Nel suo nucleo, Samudaya illumina la natura pervasiva del desiderio (Tanha) come catalizzatore primario per la perpetuazione della sofferenza. Tanha incarna un intenso desiderio di piaceri sensoriali, l'anelito all'esistenza o al divenire e la sete di non-esistenza o nichilismo. Questi desideri si estendono oltre i meri desideri fisici e comprendono i regni emozionale, mentale e spirituale dell'esistenza umana. Attraverso una comprensione completa di Tanha, si può discernere come la natura insaziabile di questi desideri conduca gli individui nei modelli ciclici di insoddisfazione, malcontento e angoscia.

Inoltre, la comprensione di Samudaya richiede un'esplorazione delle complessità dell'attaccamento e del suo impatto dannoso sul benessere umano. L'attaccamento emerge come una rete che intrappola gli individui in uno stato perpetuo di desiderio e disillusione. L'identificazione con fenomeni transitori e la ricerca incessante di convalida esterna generano un profondo senso di insicurezza e inadeguatezza, perpetuando così il ciclo della sofferenza.

È fondamentale riconoscere che le ramificazioni di Samudaya si estendono oltre il livello individuale e permeano le strutture sociali. L'aderenza collettiva a obiettivi materialistici, dinamiche di potere e costrutti sociali alimentati da desiderio e attaccamento genera discordia sociale, disuguaglianza e sofferenza su scala globale. Inoltre, l'elucidazione di Samudaya richiede un esame dell'interconnessione delle esperienze individuali all'interno del quadro più ampio di Originazione Dipendente o Pratityasamutpada.

Il ruolo del desiderio nell'origine della sofferenza:

Il desiderio, noto come Tanha, gioca un ruolo fondamentale nell'origine della sofferenza, come spiegato nella Seconda Nobile Verità. Questa sete o desiderio profondamente radicato ha implicazioni significative per l'esistenza umana e la perpetuazione di Dukkha. Tanha racchiude l'insaziabile desiderio di gratificazione e l'incessante ricerca di piaceri effimeri, che spesso si traducono in continua insoddisfazione e malcontento. Nel profondo, il desiderio è intrinseco alla condizione umana, plasmando le nostre azioni, emozioni e percezioni. Gli insegnamenti del Buddha su Tanha forniscono intuizioni profonde sulla natura della sofferenza umana e sulle cause profonde che la sottendono.

Il desiderio si manifesta in varie forme, che vanno dalla ricerca di piaceri sensoriali al desiderio di esistenza o non esistenza. Questi desideri nascono da un senso fondamentale di mancanza o incompletezza negli individui, spingendoli verso fonti esterne di appagamento che sono in ultima analisi transitorie e illusorie. I tre tipi di desiderio, desiderio sensuale (Kama Tanha), desiderio di divenire (Bhava Tanha) e desiderio di non divenire (Vibhava Tanha), delineano in modo completo le diverse manifestazioni di Tanha all'interno della coscienza umana. Ogni tipo di desiderio genera il suo insieme unico di sfide e complessità, contribuendo alla perpetuazione della sofferenza in modi distinti.

D'altra parte, il desiderio permea le dimensioni cognitive e affettive dell'esperienza umana, esercitando un'influenza pervasiva sul comportamento individuale e sui processi decisionali. Dal punto di vista della psicologia contemporanea, il desiderio è strettamente legato all'attaccamento e all'avversione, invischiato nel tessuto delle motivazioni e dei desideri umani. Questa interazione tra desiderio e panorama psicologico sottolinea l'imperativo bisogno di introspezione e autoconsapevolezza nell'affrontare le cause profonde della sofferenza. Inoltre, il concetto buddista di Origine Dipendente (Pratityasamutpada) delinea l'interconnessione tra desiderio e natura ciclica della sofferenza, sottolineando così il profondo impatto di Tanha sulla difficile situazione umana.

I tre tipi di desiderio:

Secondo gli insegnamenti del Buddha, il desiderio nasce da una fondamentale insoddisfazione per il modo in cui sono le cose e da un desiderio incessante di qualcosa di diverso o migliore. Questo desiderio è categorizzato in tre tipi principali: desiderio sensuale (Kama Tanha), desiderio di divenire (Bhava Tanha) e desiderio di non divenire (Vibhava Tanha).

Il desiderio sensuale si riferisce al desiderio di piaceri ed esperienze sensoriali, compresi quelli correlati al gusto, al tatto, alla vista, all'udito e all'olfatto. Comprende la ricerca della gratificazione fisica e l'indulgenza nei piaceri sensuali, spesso portando all'attaccamento e alla dipendenza da stimoli esterni per la felicità. La natura insaziabile del desiderio sensuale perpetua il ciclo di sofferenza poiché gli individui cercano continuamente piacere e soddisfazione in fenomeni impermanenti e transitori.

Il desiderio di diventare implica il desiderio di esistenza, successo e perpetuazione della propria identità. Questo tipo di desiderio è radicato nel desiderio di vita, potere, fama e ricchezza materiale, così come nell'aspirazione alla rinascita in condizioni o stati favorevoli. La ricerca del diventare è guidata dal bisogno dell'ego di affermazione e sostentamento, che porta ad ansia, competizione e paura di perdita o annientamento. Si traduce nell'afferrarsi ai successi personali e nell'incessante ricerca di obiettivi futuri, spesso oscurando il momento presente e causando disagio mentale.

Al contrario, il desiderio di non-divenire si manifesta come avversione verso l'esistenza, rifiuto di sé e desiderio di fuga o cessazione. Comporta il desiderio di evitare dolore, sofferenza e responsabilità associate alla vita. Questo tipo di desiderio emerge dalla disillusione verso l'esistenza e dall'impulso a trascendere i limiti dell'esistenza incarnata. Tuttavia, aggrapparsi all'idea di non-esistenza può portare a tendenze nichiliste e a un disprezzo per il valore della vita, ostacolando il viaggio verso l'autentica liberazione e saggezza.

L'interconnessione tra causa ed effetto:

L'Origine Dipendente, nota come Pratityasamutpada in sanscrito, è un concetto fondamentale nella filosofia buddista che chiarisce la rete di cause e condizioni che danno origine alla sofferenza. Questa dottrina incarna la saggezza dell'interconnessione e dell'interdipendenza, evidenziando le profonde implicazioni di ogni azione e le sue conseguenze conseguenti. Al centro dell'Origine Dipendente c'è il riconoscimento che nulla esiste in modo indipendente o isolato; piuttosto, tutti i fenomeni sono subordinati a una complessa rete di fattori contribuenti. Il Buddha ha esposto questo insegnamento per rivelare i meccanismi sottostanti dell'esistenza umana e per offrire un percorso verso la liberazione dalla sofferenza. I dodici anelli dell'Origine Dipendente delineano il processo ciclico attraverso il quale la sofferenza si perpetua, iniziando con l'ignoranza e culminando nella nascita, nella vecchiaia e nella morte. Ogni anello è collegato ai fattori precedenti e successivi, formando una catena ininterrotta di causalità. Comprendere questa natura interconnessa dell'esistenza è fondamentale per comprendere l'origine della sofferenza e la sua cessazione. Inoltre, L'Origine Dipendente si estende oltre l'esperienza individuale per comprendere l'interconnessione di tutti i fenomeni nell'universo. Sottolinea la legge di causa ed effetto, affermando che ogni azione, pensiero e intenzione riverbera attraverso la rete cosmica, influenzando il tessuto collettivo della realtà.

Capitolo VII
LA TERZA NOBILE VERITÀ - NIRODHA

Concetto e significato:

Il concetto di Nirodha rappresenta il culmine degli insegnamenti del Buddha, offrendo ai praticanti intuizioni profonde sulla natura della sofferenza e sulla possibilità della sua cessazione. Nirodha, spesso tradotto come "cessazione" o "estinzione", sottolinea l'obiettivo finale di trascendere la sofferenza e raggiungere uno stato di profonda pace e liberazione.

Nel corso della storia, studiosi e praticanti hanno affrontato l'interpretazione di Nirodha attraverso varie lenti, ciascuna attingendo da scritture chiave e commenti filosofici. I riferimenti in testi fondamentali come il Canone Pali e i sutra Mahayana forniscono ricche fonti per comprendere le interpretazioni storiche di Nirodha, gettando luce sull'evoluzione di questo concetto nel contesto più ampio del pensiero buddista.

Inoltre, la comprensione della sofferenza costituisce una componente integrante della comprensione del concetto di Nirodha. La transizione dall'identificazione delle cause della sofferenza al riconoscimento del potenziale per la sua cessazione rappresenta un cambiamento di paradigma fondamentale nel percorso del praticante. Questo processo implica un'esplorazione profonda delle radici della sofferenza e la realizzazione trasformativa che la liberazione è raggiungibile, segnando una svolta cruciale nel perseguimento di Nirodha.

Psicologicamente, il raggiungimento di Nirodha implica un processo multiforme che coinvolge la coscienza umana. Addentrandosi nelle sfumature degli stati mentali, dei modelli emozionali e delle strutture cognitive, i praticanti entrano nel territorio del loro paesaggio interiore per arrivare a un profondo stato di cessazione. Questa dimensione psicologica di Nirodha sottolinea l'interazione tra l'agenzia individuale e il potere trasformativo dell'intuizione e della consapevolezza.

I fondamenti filosofici della liberazione dalla sofferenza forniscono un quadro convincente per comprendere Nirodha. Varie teorie filosofiche all'interno del pensiero buddista, tra cui i concetti di non-sé (anatta) e origine dipendente (paticcasamuppada), offrono intuizioni profonde sulla natura dell'esistenza e sulle possibilità di trascendenza. Queste teorie servono come fari guida che illuminano il percorso verso Nirodha e la sua connessione intrinseca con la cessazione della sofferenza.

Quando i praticanti intraprendono il nobile sforzo di realizzare Nirodha, attraversano una serie di stadi o passi che segnano il loro progresso lungo il percorso spirituale. Questi stadi, spesso articolati come l'Ottuplice Sentiero, racchiudono un quadro completo che comprende condotta etica, coltivazione mentale e sviluppo della saggezza. Ogni passo si dispiega come parte integrante del viaggio trasformativo verso la cessazione della sofferenza, illustrando la natura sistematica e progressiva del percorso verso Nirodha.

Oltre alle esposizioni dottrinali, storie personali e testimonianze di individui che hanno sperimentato l'illuminazione forniscono scorci profondi della realtà vissuta di Nirodha. Queste narrazioni offrono resoconti toccanti di trasformazione spirituale, sottolineando il profondo impatto della realizzazione di Nirodha sulle vite individuali e sulle loro comunità più ampie, esemplificando così la potenza trasformativa del percorso verso la cessazione.

Collocare comparativamente il concetto di Nirodha all'interno del più ampio arazzo di tradizioni religiose e filosofiche ne illumina l'universalità e la rilevanza. Tracciare parallelismi con idee simili in altri sistemi di pensiero offre una visione panoramica della perenne ricerca umana di liberazione dalla sofferenza. Tali analisi comparative arricchiscono la comprensione di Nirodha, mostrandone la risonanza in diversi paesaggi culturali e filosofici.

Tuttavia, la ricerca di Nirodha non è priva di sfide e idee sbagliate. Spesso nella pratica di Nirodha sorgono insidie e incomprensioni comuni, che richiedono un'esplorazione sfumata di questi impedimenti. Affrontare queste sfide apre la strada a una comprensione più profonda delle complessità coinvolte nel percorrere il sentiero verso la cessazione e sottolinea la necessità di discernimento e perseveranza nell'affrontare potenziali ostacoli.

Interpretazioni storiche e fondamenti scritturali:

Le radici del concetto di Nirodha possono essere ricondotte agli insegnamenti del principe Siddharta, il Buddha storico, come documentato nel Canone Pali e in altre scritture buddiste. I testi fondamentali, come il Dhammapada, il Sutta Pitaka e l'Abhidhamma Pitaka, contengono numerosi riferimenti alla cessazione della sofferenza, chiarificandone il significato nello sviluppo del pensiero buddhista. I primi commentari e le esposizioni accademiche di personaggi illustri come Nagarjuna e Vasubandhu hanno ulteriormente arricchito la comprensione di Nirodha e delle sue implicazioni filosofiche. Mentre il Buddhismo si diffondeva oltre il subcontinente indiano, adattamenti e interpretazioni di Nirodha emersero in vari testi Mahayana e Vajrayana, espandendo così la sua influenza dottrinale. Il significato storico di Nirodha è anche scandito dal suo ruolo nel plasmare le tradizioni monastiche e i quadri etici all'interno delle comunità buddhiste, contribuendo alla conservazione e alla trasmissione degli insegnamenti. Inoltre, l'intersezione del Nirodha con altri sistemi filosofici indiani, come l'Induismo e il Giainismo, è stata oggetto di indagine accademica, portando a una comprensione sfumata del suo contesto storico tra diversi panorami religiosi e culturali.

Dalla causa alla cessazione:

La sofferenza, o Dukkha, costituisce un aspetto fondamentale dell'esistenza umana secondo gli insegnamenti delle Quattro Nobili Verità. Per comprendere la sofferenza, è essenziale considerare la sua natura multiforme, che comprende dolore fisico, tumulto emotivo e angoscia esistenziale. La transizione dalla causa alla cessazione implica un esame completo delle cause profonde e dei meccanismi che perpetuano la sofferenza nell'esperienza umana. Un'analisi critica dell'attaccamento, dell'avversione e dell'ignoranza come fulcro della sofferenza apre la strada all'esplorazione dei percorsi verso la liberazione. Da una prospettiva psicologica, questa transizione comporta un profondo viaggio introspettivo, svelando gli strati di modelli di pensiero condizionati e comportamenti abituali che contribuiscono al ciclo della sofferenza. Illumina l'importanza di sviluppare consapevolezza, stabilità mentale e saggezza compassionevole come componenti integrali nella ricerca della cessazione. Inoltre, affronta la natura paradossale dell'esistenza umana, dove l'atto stesso di afferrare il piacere ed evitare il dolore diventa il catalizzatore di ulteriore sofferenza. Illuminando l'interconnessione di tutti gli esseri, evoca una chiamata all'azione per affrontare le cause sottostanti della sofferenza sia a livello personale che sociale. In definitiva, questa transizione funge da passaggio fondamentale per realizzare la cessazione della sofferenza e abbracciare una vita intrisa di saggezza, compassione e liberazione.

Dimensioni psicologiche della cessazione:

Mentre ci addentriamo nelle dimensioni psicologiche della cessazione, diventa imperativo cogliere l'interazione tra i modelli abituali della mente e la possibilità di raggiungere la libertà dalla sofferenza. Le radici della sofferenza, come chiarito nella seconda nobile verità, sono profondamente radicate nel tessuto della nostra coscienza, manifestandosi in desideri, attaccamenti e avversioni. Pertanto, la cessazione della sofferenza necessita di un'esplorazione profonda dei meccanismi psicologici sottostanti che perpetuano questo ciclo di malcontento.

Il quadro filosofico buddista offre una prospettiva unica sulla psicologia della cessazione, sottolineando il ruolo della consapevolezza, dell'introspezione e della coltivazione di stati mentali sani. Attraverso un allenamento mentale disciplinato e la consapevolezza introspettiva, gli individui possono gradualmente svelare gli strati di reattività condizionata e acquisire intuizioni sulla natura transitoria e inconsistente delle loro esperienze. Questo processo trasformativo non solo porta ad un'attenuazione della sofferenza mentale, ma genera anche un profondo cambiamento nella percezione della realtà da parte dell'individuo, favorendo chiarezza, tranquillità ed equilibrio emotivo.

Da un punto di vista psicologico, Nirodha esemplifica l'apice del potenziale umano, rappresentando lo stato di liberazione psicologica dalla schiavitù del desiderio e dell'avversione incessanti. Questa liberazione non è semplicemente un'assenza di sofferenza, ma significa una capacità intrinseca di profonda contentezza e pace incrollabile. Comporta un cambiamento radicale nella percezione, in cui l'individuo trascende i costrutti frammentati e illusori dell'ego, allineandosi con una dimensione più profonda della coscienza che trascende i limiti del sé personale.

Inoltre, la ricerca empirica nel campo della psicologia ha sottolineato gli effetti trasformativi delle pratiche meditative associate alla realizzazione di Nirodha. Gli studi hanno dimostrato che la coltivazione della consapevolezza e dell'assorbimento meditativo è correlata a una migliore regolazione emotiva, a migliori capacità di attenzione e a una riduzione dei sintomi correlati ad ansia e depressione. Questi risultati non solo convalidano l'antica saggezza racchiusa nel concetto di cessazione, ma forniscono anche prove contemporanee della sua efficacia psicologica.

Fondamenti filosofici della liberazione:

La liberazione, nell'ambito della Terza Nobile Verità, si addentra nella filosofia fondamentale della condizione umana: la ricerca della libertà dall'angoscia, dal malcontento e dai modelli ciclici di insoddisfazione. Nell'esplorare i fondamenti filosofici della liberazione, incontriamo un arazzo di temi e concetti interconnessi che trascendono il mero discorso intellettuale e toccano l'essenza stessa dell'esperienza umana. Centrale in questa esplorazione è la nozione di distacco, o impassibilità, come principio fondamentale alla base della liberazione. Ciò parla della profonda saggezza del non attaccamento, riconoscendo la natura transitoria dei fenomeni e la qualità effimera delle attività mondane.

Inoltre, i fondamenti filosofici della liberazione comprendono l'interrogazione dell'individualità e della natura della realtà. Sondando la natura illusoria del sé e l'impermanenza di tutte le cose, il percorso verso la liberazione si illumina con la chiarezza di una profonda intuizione. La contemplazione filosofica della liberazione affronta anche il paradosso dello sforzo e della resa. Affronta il delicato equilibrio tra pratica disciplinata e rinuncia ai desideri guidati dall'ego, svelando il potere trasformativo dell'autotrascendenza.

Inoltre, il discorso sulla liberazione approfondisce le dimensioni morali ed etiche della condotta umana, sottolineando la coltivazione delle virtù e l'allineamento con le verità universali come aspetti integrali del percorso verso la libertà. Questo fondamento etico funge da bussola che guida gli individui verso la realizzazione di Nirodha e la cessazione della sofferenza.

Oltre a questi temi, i fondamenti filosofici della liberazione invitano a esplorare l'interconnessione e l'interdipendenza, segnalando l'unità intrinseca di tutti gli esseri e la natura espansiva e sconfinata della compassione. Incoraggia il riconoscimento dell'indivisibilità dell'esistenza, smantellando le barriere della separazione e dell'isolamento. In quanto tale, la ricerca della liberazione si intreccia con l'ethos trasformativo della benevolenza e dell'altruismo universali, promuovendo una coesistenza armoniosa con tutti gli esseri viventi.

Fasi che portano alla realizzazione di Nirodha:

La realizzazione di Nirodha, o la cessazione della sofferenza, è un viaggio trasformativo che comprende molteplici stadi di sviluppo. Durante questo processo, gli individui subiscono una serie di trasformazioni interne ed esterne, che li conducono verso lo stato ultimo di liberazione e illuminazione.

La fase iniziale comporta il riconoscimento della natura pervasiva della sofferenza e delle sue cause all'interno della propria esistenza. Questa fase introspettiva richiede una profonda auto-riflessione e una valutazione onesta delle varie forme di sofferenza presenti nella vita quotidiana. Comporta il riconoscimento della natura transitoria e insoddisfacente delle esperienze e dei desideri mondani, aprendo così la strada a un cambiamento di prospettiva verso la ricerca della liberazione da queste fonti di insoddisfazione.

In seguito a questo riconoscimento, gli individui intraprendono un percorso di contemplazione e intuizione, approfondendo le cause sottostanti della sofferenza come articolato nella

Seconda Nobile Verità. Questa fase comporta un esame rigoroso dell'interconnessione di desiderio, attaccamento e ignoranza, che perpetuano il ciclo della sofferenza. Attraverso la pratica e lo studio dedicati, gli individui acquisiscono una comprensione più profonda delle radici della propria sofferenza, gettando così le basi per la sua eventuale cessazione.

Man mano che gli individui progrediscono lungo il percorso, incontrano momenti cruciali di intuizione e realizzazione, spesso facilitati da una pratica spirituale dedicata e dalla guida di mentori esperti. Questi momenti di chiarezza offrono scorci della natura intrinseca della realtà, trascendendo i confini dell'esistenza condizionata e rivelando il potenziale per una vera libertà dalla sofferenza. Tali intuizioni servono come fari di ispirazione, alimentando la determinazione e l'impegno dell'aspirante a impegnarsi ulteriormente nel processo trasformativo verso Nirodha.

Il culmine di questo viaggio comporta una realizzazione esperienziale di Nirodha, caratterizzata dalla cessazione delle afflizioni mentali e dalla schiavitù della sofferenza. Questa fase importante segna l'attualizzazione di una profonda pace interiore, di una profonda saggezza e di una compassione incondizionata. L'individuo si libera dalle catene del desiderio e dell'avversione, raggiungendo uno stato di incrollabile equanimità che trascende le fluttuazioni delle condizioni mondane.

Tuttavia, è importante notare che le fasi che conducono alla realizzazione di Nirodha non sono necessariamente lineari e gli individui possono avanzare attraverso di esse con vari gradi di intensità e durata. Il viaggio verso la liberazione è unico per ogni individuo, modellato da inclinazioni personali, predisposizioni karmiche e dall'influenza di circostanze esterne. Tuttavia, la traiettoria sovrastante rimane quella di una profonda trasformazione interiore, che culmina nel raggiungimento di Nirodha e nella cessazione della sofferenza.

Analisi comparativa con altre tradizioni:

Esaminando Nirodha in relazione all'Induismo, in particolare all'interno della tradizione Advaita Vedanta, incontriamo la nozione di Moksha o liberazione. Sia Nirodha che Moksha convergono sulla dissoluzione della sofferenza individuale attraverso il superamento dei limiti dell'auto-identità. Tuttavia, mentre Nirodha sottolinea l'impermanenza e l'interconnessione alla base dell'esistenza, Moksha si inclina verso la realizzazione della natura eterna e indifferenziata della realtà. Questo contrasto delinea le differenze sfumate nei rispettivi percorsi verso l'emancipazione.

Passando alle pratiche contemplative del giainismo, il Nirodha condivide un'affinità con il concetto di Kevala Jnana, lo stato di onniscienza e conoscenza assoluta. La ricerca sia del Kevala Jnana che del Nirodha implica una trasformazione interiore e la trascendenza degli intrecci mondani. Tuttavia, la filosofia giainista accentua la rinuncia ascetica dei desideri e degli attaccamenti, mentre il buddismo enfatizza la Via di Mezzo come la via fondamentale per il Nirodha, sottolineando la divergenza negli approcci verso la cessazione della sofferenza.

Inoltre, nel regno del pensiero filosofico occidentale, il principio stoico di Ataraxia somiglia a Nirodha. Ataraxia incarna uno stato di tranquillità interiore ed equanimità in mezzo alle fluttuazioni della vita, simile alla serenità ricercata attraverso Nirodha. Tuttavia, gli stoici giungono a questo stato attraverso l'accettazione del destino e la rassegnazione razionale, mentre Nirodha si dispiega attraverso la rettifica delle percezioni distorte e la rinuncia all'attaccamento.

Sfide e idee sbagliate nella pratica del Nirodha:

Una delle sfide principali affrontate dagli individui sul sentiero di Nirodha è il profondo attaccamento all'esistenza condizionata. Come esseri umani, siamo spesso trincerati nei nostri desideri, avversioni e modelli abituali, rendendo arduo liberarci dal ciclo della sofferenza. Inoltre, le influenze sociali e culturali possono creare barriere all'accettazione degli insegnamenti di Nirodha. Queste pressioni esterne possono portare a scetticismo, resistenza o persino ostracismo, ostacolando l'impegno di qualcuno verso la pratica. Inoltre, l'idea sbagliata che Nirodha comporti un abbandono della gioia e del piacere spesso scoraggia gli individui dall'impegnarsi con tutto il cuore nella pratica. Questo malinteso può portare a paura e apprensione riguardo alla rinuncia agli attaccamenti mondani, impedendo così il progresso sul sentiero verso la liberazione. Un'altra sfida prevalente è l'interpretazione errata di Nirodha come uno stato passivo di indifferenza o nichilismo. In realtà, Nirodha simboleggia la trascendenza della sofferenza attraverso una profonda intuizione e un'azione compassionevole. Superare queste sfide richiede resilienza, introspezione e una profonda comprensione della vera natura di Nirodha. Richiede un impegno incrollabile, coraggio e la volontà di affrontare gli ostacoli interni ed esterni. Affrontando queste sfide direttamente, i praticanti possono approfondire la loro comprensione e realizzazione di Nirodha. Inoltre, sfatare i preconcetti che circondano Nirodha è essenziale per promuovere un ambiente favorevole alla sua pratica.

Capitolo VIII
LA QUARTA NOBILE VERITÀ – MARGA

L'Ottuplice Sentiero è uno degli insegnamenti fondamentali del Buddhismo, che delinea il percorso verso la liberazione dalla sofferenza e il raggiungimento dell'illuminazione. È costituito da otto componenti interconnesse che guidano i praticanti verso una vita equilibrata ed etica. Ogni componente è essenziale e supporta gli altri, formando un quadro completo per lo sviluppo personale e la crescita spirituale.

L'Ottuplice Sentiero funge da guida pratica per gli individui che cercano di coltivare saggezza, condotta etica e disciplina mentale nella loro vita quotidiana. Seguendo questo percorso, i praticanti mirano ad affrontare le cause profonde della sofferenza e a raggiungere uno stato di pace interiore e armonia. Il significato dell'Ottuplice Sentiero risiede nel suo approccio olistico alla pratica spirituale, che enfatizza l'integrazione di virtù morali, chiarezza mentale e concentrazione meditativa.

Nel suo nucleo, l'Ottuplice Sentiero comprende tre dimensioni chiave: condotta etica (sila), disciplina mentale (samadhi) e saggezza (panna). Queste dimensioni si riflettono nei diversi fattori del sentiero, che includono Retta Comprensione, Retta Intenzione, Retta Parola, Retta Azione, Retto Sostentamento, Retto Sforzo, Retta Consapevolezza e Retta Concentrazione. Ogni fattore svolge un ruolo cruciale nel guidare gli individui verso un'esistenza sana e significativa.

Abbracciando l'Ottuplice Sentiero, i praticanti si sforzano di sviluppare una profonda comprensione della natura della realtà e dell'interconnessione di tutti i fenomeni. Cercano di coltivare compassione, altruismo e consapevolezza nelle loro interazioni con il mondo, promuovendo un senso di interconnessione e interdipendenza. Attraverso la pratica dell'Ottuplice Sentiero, gli individui si sforzano di superare le illusioni dell'egocentrismo e dell'ego, trascendendo i limiti della percezione convenzionale e ottenendo una profonda intuizione della natura dell'esistenza.

Corretta comprensione:

La Retta Comprensione, o Samma Ditthi in Pali, costituisce il fondamento dell'Ottuplice Sentiero nel Buddhismo. Comprende una profonda comprensione delle Quattro Nobili Verità, della natura della realtà e della legge del karma. Questa sfaccettatura del sentiero richiede agli individui di discernere la vera natura dell'esistenza, riconoscendo l'impermanenza e l'interconnessione di tutte le cose. Coltivando la Retta Comprensione, i praticanti sviluppano una chiara intuizione della natura transitoria e insoddisfacente dei fenomeni mondani, portando a un punto di vista migliorato che si allinea con gli insegnamenti fondamentali del Buddhismo.

Nella sua essenza, la Retta Comprensione incoraggia gli individui ad adottare una prospettiva olistica, trascendendo la visione limitata di sé e abbracciando l'interconnessione di tutti gli esseri viventi. Implica il riconoscimento degli aspetti multiformi della sofferenza e dei fattori causali che la sostengono, aprendo così la strada a una comprensione più profonda della condizione umana. Attraverso una seria contemplazione e introspezione, si può sviluppare una profonda comprensione dei principi etici e delle verità spirituali che costituiscono la struttura della filosofia buddista.

Inoltre, la Retta Comprensione comporta il riconoscimento del legame intrinseco tra le azioni e le loro conseguenze. Sottolinea il principio del karma, evidenziando la responsabilità morale che gli individui hanno per le loro intenzioni e azioni. Percependo l'interazione di causa ed effetto, i praticanti sono spinti ad agire con consapevolezza e discernimento, promuovendo un senso di responsabilità per le loro azioni e il loro impatto su se stessi e sugli altri. Attraverso questa comprensione, gli individui possono vivere le loro vite con maggiore saggezza e compassione, sforzandosi di allineare le loro azioni con i precetti etici delineati nella tradizione buddista.

Inoltre, coltivare la Retta Comprensione alimenta la consapevolezza dei Tre Segni dell'Esistenza: impermanenza (Anicca), insoddisfazione (Dukkha) e non-sé (Anatta). Comprendendo appieno questi concetti fondamentali, i praticanti acquisiscono una visione della natura transitoria di tutti i fenomeni, dell'insoddisfazione intrinseca che pervade le esperienze mondane e dell'assenza di un sé permanente e immutabile. Questa comprensione funge da catalizzatore per la crescita spirituale, guidando gli individui verso la liberazione dal ciclo della sofferenza.

Retta intenzione:

La Retta Intenzione, nota anche come Samma Sankappa in Pali, ruota attorno alla coltivazione dei giusti pensieri e atteggiamenti verso la vita e gli altri. Questo elemento dell'Ottuplice Sentiero è essenziale perché dirige la mente verso motivazioni sane e compassionevoli, che sono parte integrante del raggiungimento della cessazione della sofferenza. La Retta Intenzione implica l'allineamento delle proprie intenzioni con i principi di rinuncia, buona volontà e non-danno. La rinuncia riguarda il lasciar andare i desideri e gli attaccamenti mondani, riconoscendo che la vera felicità e la liberazione provengono dall'interno piuttosto che da beni o risultati esterni. Coltivare la buona volontà, o l'intenzione di amorevole gentilezza e benevolenza verso tutti gli esseri, promuove l'armonia e riduce i conflitti. Inoltre, il principio di non-danno enfatizza l'impegno a evitare di causare danni a se stessi o agli altri attraverso pensieri, parole o azioni. Praticare la Retta Intenzione richiede auto-riflessione e consapevolezza per osservare le proprie motivazioni interiori e assicurarsi che siano allineate con questi principi. Comporta l'esame delle cause profonde delle intenzioni e la loro purificazione da avidità, avversione e illusione. Coltivando la Retta Intenzione, gli individui creano una base per una condotta etica e sviluppano una mentalità favorevole alla crescita spirituale e al risveglio. Applicare questo aspetto dell'Ottuplice Sentiero nella vita quotidiana consente ai praticanti di promuovere emozioni positive, approfondire la loro comprensione dell'interconnessione e contribuire al benessere della comunità più ampia. Inoltre, coltivando la Retta Intenzione, gli individui possono migliorare la loro capacità di empatia e compassione, portando a un'esistenza più armoniosa e appagante.

Discorso corretto:

Il concetto di Discorso corretto, o Samma Vaca, sottolinea l'importanza di una comunicazione consapevole e compassionevole nella nostra vita quotidiana. Discorso corretto implica l'astensione da falsità, discorsi maliziosi, linguaggio duro e chiacchiere inutili. Comprende il parlare in modo veritiero, gentile, significativo e costruttivo. Quando si pratica Discorso corretto, gli individui iniziano a osservare l'impatto delle loro parole su se stessi e sugli altri. Questa consapevolezza incoraggia gli individui a comunicare con empatia, comprensione e saggezza.

Il Discorso corretto implica l'astenersi dal diffondere falsità o impegnarsi in comunicazioni ingannevoli. L'impegno per la veridicità promuove la fiducia e l'integrità nelle relazioni interpersonali e nella società in generale. Inoltre, astenersi da un linguaggio duro e da discorsi malevoli promuove armonia e pace. Scegliendo attentamente le parole e parlando con gentilezza, gli individui possono evitare di causare dolore e conflitti inutili. Inoltre, astenersi da chiacchiere inutili consente agli individui di usare le loro espressioni verbali per una comunicazione significativa e mirata.

Inoltre, Discorso corretto incoraggia gli individui a coltivare una comprensione del potere delle loro parole. Spinge gli individui a considerare le implicazioni etiche e le conseguenze del loro discorso, portandoli a dare valore all'onestà, alla gentilezza e alla chiarezza nella loro comunicazione. Praticare la consapevolezza mentre si parla implica essere presenti nel momento, ascoltare attivamente ed esprimersi in modo ponderato. Ciò porta a connessioni più profonde e a un dialogo efficace.

Nell'applicazione pratica, gli individui possono sviluppare la Retta Parola riflettendo sull'intenzione dietro le loro parole prima di parlare. Possono chiedersi se le loro parole sono vere, necessarie, benefiche e tempestive. Questa riflessione coltiva la consapevolezza e previene discorsi impulsivi o dannosi. Inoltre, l'ascolto attivo e la comunicazione empatica si allineano con i principi della Retta Parola, promuovendo comprensione e armonia nelle interazioni personali e professionali.

Azione corretta:

La Retta Azione, o Samma Kammanta in Pali, è la terza componente dell'Ottuplice Sentiero come spiegato dal Buddha. Questo aspetto del sentiero comprende la condotta etica e il comportamento sano in tutti gli aspetti della vita. La Retta Azione implica l'astensione da azioni che causano danno a se stessi e agli altri, e l'impegno attivo in azioni che contribuiscono al benessere e alla felicità di tutti gli esseri. È essenziale comprendere che la Retta Azione è collegata sia alla Retta Parola che alla Retta Sostentamento, formando una triade di principi etici che guidano il praticante verso la liberazione dalla sofferenza.

Il Buddha ha identificato tre categorie primarie di Azione Retta: astenersi dal togliere la vita, astenersi dal prendere ciò che non è dato e astenersi da condotte sessuali scorrette. Queste direttive servono come principi guida per gli individui che si sforzano di vivere una vita eticamente sana. Astenersi dal togliere la vita si estende oltre l'atto letterale di uccidere e comprende l'evitare di danneggiare qualsiasi essere vivente, compresi animali e insetti. Sostenendo questo principio, si coltiva compassione e rispetto per tutte le forme di vita. Astenersi dal prendere ciò che non è dato sottolinea l'importanza dell'onestà, dell'integrità e del rispetto per la proprietà e i beni altrui. Questo precetto promuove la fiducia all'interno delle comunità e contribuisce a un tessuto sociale armonioso. Inoltre, astenersi da condotte sessuali scorrette comporta il rispetto dei confini e dell'autonomia degli altri nelle relazioni intime, promuovendo la fiducia reciproca e il benessere emotivo.

La pratica dell'Azione corretta si estende oltre il semplice evitamento di azioni dannose; comprende anche la promozione attiva di gentilezza, generosità e azioni compassionevoli. Impegnarsi in atti di beneficenza, fare volontariato e alleviare la sofferenza degli altri esemplificano la natura proattiva dell'Azione corretta. Allineando costantemente le proprie azioni con una condotta etica, gli individui coltivano un senso di armonia interiore e integrità, contribuendo positivamente al benessere della società in generale.

Inoltre, integrare la Retta Azione nella vita quotidiana porta con sé un senso di scopo e significato derivato da un comportamento coscienzioso e benevolo. Nel corso della storia, i seguaci del Buddhismo hanno affermato il potere trasformativo della pratica della Retta Azione, illustrandone la capacità di nutrire lo spirito umano e promuovere l'interconnessione con tutti gli esseri viventi. Man mano che i praticanti progrediscono lungo il percorso, riconoscono il profondo impatto delle loro azioni su se stessi, sugli altri e sul mondo che li circonda.

Giusto sostentamento:

Il concetto di Giusto sostentamento, noto come Samma Ajiva in Pali, sottolinea la dimensione etica della vita professionale e delle attività economiche di una persona. Questo percorso sostiene che gli individui si impegnino in occupazioni che sostengano l'integrità morale e contribuiscano positivamente alla società.

Giusto sostentamento comprende vari principi, tra cui l'astensione da attività che comportano danni a esseri viventi, come la macelleria o il commercio di armi. Inoltre, incoraggia i praticanti a evitare professioni che promuovono la disonestà, come il lavoro nel gioco d'azzardo o pratiche finanziarie ingannevoli. Aderendo a questi principi, gli individui allineano il loro sostentamento con l'obiettivo generale di ridurre la sofferenza e promuovere il benessere, non solo per se stessi ma anche per gli altri.

Nel contesto moderno, l'applicazione di Giusto sostentamento si estende alla sostenibilità ambientale e alla responsabilità sociale. Esorta gli individui a considerare l'impatto più ampio del loro lavoro sull'ambiente e sulle comunità. Ciò significa perseguire vocazioni che diano priorità alla conservazione ecologica, alle pratiche di lavoro eque e all'equa distribuzione delle risorse.

Praticare Giusto sostentamento richiede auto-riflessione e consapevolezza nella scelta di una carriera o nel mantenimento di una professione esistente. Invita gli individui a valutare se il loro lavoro sostiene l'onestà, la compassione e contribuisce al benessere degli altri. Inoltre, offre l'opportunità di rivalutare le implicazioni sociali di settori specifici e incoraggia la ricerca di occupazioni che siano in linea con i valori di giustizia e armonia.

Integrare i principi di Giusto sostentamento nella propria vita professionale può portare a un senso di scopo e realizzazione. Offre un percorso verso una maggiore armonia tra le aspirazioni personali e il benessere collettivo della società. Considerando le implicazioni etiche del loro sostentamento, gli individui possono contribuire alla creazione di un mondo più giusto e compassionevole.

Sforzo corretto:

Il Retto Sforzo, o Samma Vayama in Pali, implica quattro aspetti: lo sforzo per prevenire l'insorgenza di stati malsani, lo sforzo per abbandonare gli stati malsani esistenti, lo sforzo per coltivare stati salubri e lo sforzo per mantenere e perfezionare gli stati salubri.

Il primo aspetto richiede vigilanza e autoconsapevolezza per riconoscere i fattori scatenanti e le condizioni che portano a pensieri, emozioni e azioni malsane. Attraverso l'introspezione e la consapevolezza, si può attivamente impedire a questi stati malsani di radicarsi nella mente. Il secondo aspetto implica l'abbandono di schemi o abitudini mentali malsane esistenti attraverso la riflessione, la contemplazione e l'applicazione di antidoti come amorevole gentilezza, compassione e saggezza.

Al contrario, il terzo aspetto si concentra sulla coltivazione di stati sani come generosità, amorevolezza, compassione, gioia ed equanimità. Ciò richiede dedizione e pratica per coltivare queste qualità positive dentro di sé ed esprimerle nelle interazioni con gli altri. Il quarto aspetto riguarda il mantenimento e il perfezionamento continui di queste qualità sane, assicurando che diventino integrate nella vita e nel comportamento quotidiani.

Praticare il Retto Sforzo implica anche comprendere la natura dello sforzo stesso. Richiede un approccio equilibrato, evitando gli estremi di sforzo e sforzo eccessivo da una parte, e compiacimento e pigrizia dall'altra. Trovare la via di mezzo nell'esercitare uno sforzo cosciente verso lo sviluppo spirituale è parte integrante del concetto di Retto Sforzo.

Inoltre, il Retto Sforzo è strettamente collegato allo sviluppo della concentrazione e della consapevolezza. Applicando lo sforzo nel coltivare stati mentali sani, gli individui aprono la strada a una maggiore stabilità mentale e a intuizioni più profonde sulla natura della realtà. Questo processo facilita la trasformazione della coscienza, portando a una diminuzione della sofferenza e al raggiungimento di profonda pace e benessere.

Consapevolezza corretta:

La giusta consapevolezza, o Samma Sati in Pali, implica lo sviluppo di una consapevolezza e attenzione focalizzate al momento presente, senza attaccamento o avversione. La consapevolezza funge da strumento chiave per comprendere la natura dell'esistenza e sviluppare intuizioni sulle vere cause della sofferenza. Praticare la consapevolezza consente agli individui di coltivare una profonda comprensione dei propri pensieri, emozioni e sensazioni corporee senza esserne sopraffatti. Questa maggiore consapevolezza consente agli individui di fare scelte consapevoli e rispondere alle situazioni con chiarezza e saggezza.

La pratica della Giusta consapevolezza comprende varie tecniche, tra cui la meditazione di consapevolezza, la respirazione consapevole, la meditazione body scan e il movimento consapevole. Queste pratiche mirano ad ancorare la mente al momento presente, osservando la natura in continuo cambiamento dell'esperienza senza giudizio. Sviluppando questa consapevolezza non reattiva, i praticanti possono riconoscere l'impermanenza e l'interconnessione di tutti i fenomeni, portando a un profondo cambiamento di prospettiva.

Oltre a coltivare la consapevolezza del momento presente, la Retta Consapevolezza implica anche la contemplazione degli stati mentali, la natura della sofferenza, l'impermanenza dei fenomeni e i principi di causalità. Attraverso la pratica sostenuta della consapevolezza, gli individui possono sviluppare intuizioni sulla natura transitoria e condizionata di tutte le esperienze, ottenendo una comprensione più profonda delle verità fondamentali chiarite nelle Quattro Nobili Verità.

Inoltre, la pratica della Giusta consapevolezza si estende oltre le sessioni di meditazione formali e permea tutti gli aspetti della vita quotidiana. I praticanti sono incoraggiati a integrare la consapevolezza nelle attività di routine, come mangiare, camminare, lavorare e interagire con gli altri. Questa integrazione della consapevolezza favorisce uno stato continuo di presenza e attenzione, consentendo agli individui di liberarsi dai modelli abituali di reattività e comportamento inconscio.

D'altra parte, lo sviluppo della Retta Consapevolezza è collegato con gli altri componenti dell'Ottuplice Sentiero, in particolare la Retta Concentrazione e il Retto Sforzo. La coltivazione della consapevolezza aumenta la capacità di sviluppare attenzione e concentrazione focalizzate, conducendo a stati profondi di assorbimento meditativo e intuizione. Inoltre, l'applicazione diligente del Retto Sforzo supporta la coltivazione costante della consapevolezza, poiché i praticanti si sforzano di abbandonare stati mentali malsani e coltivare qualità positive e sane.

Giusta Concentrazione (Samma Samadhi)

La giusta concentrazione, o Samma Samadhi, funge da pilastro per raggiungere la disciplina mentale e la concentrazione. Comporta la coltivazione di una mente concentrata e tranquilla attraverso pratiche di meditazione e consapevolezza. Questo stato mentale di calma dimorante consente agli individui di acquisire intuizioni sulla natura della realtà, conducendo a una profonda saggezza e liberazione dalla sofferenza. La pratica della giusta concentrazione non è semplicemente una tecnica di rilassamento, ma un processo trasformativo che conduce al risveglio spirituale.

Samma Samadhi sottolinea l'importanza di unificare la mente ed elevarla a un livello di coscienza superiore. Ciò implica dirigere le proprie facoltà mentali verso un singolo punto o oggetto, con conseguente profondo assorbimento e quiete mentale. Attraverso la concentrazione sostenuta, gli individui possono trascendere le distrazioni mondane e sviluppare una profonda chiarezza di pensiero, consentendo loro di percepire l'interconnessione di tutti i fenomeni.

La coltivazione della Retta Concentrazione si allinea con varie forme di meditazione, come la meditazione di consapevolezza, la meditazione di amorevole gentilezza e la consapevolezza del respiro. Impegnandosi in queste pratiche, gli individui possono sfruttare le loro energie mentali e dissolvere gradualmente le barriere dell'ego e dell'illusione. Di conseguenza, possono sperimentare stati di tranquillità interiore e beatitudine, che sono essenziali per progredire lungo il percorso verso la liberazione.

In termini pratici, la Giusta concentrazione fornisce agli individui la capacità di affrontare la vita con equanimità e compostezza. Sviluppando una mente stabile e concentrata, gli individui possono rispondere alle sfide e alle difficoltà con resilienza e chiarezza, senza essere sopraffatti dal tumulto emotivo. Inoltre, la pratica della Giusta concentrazione promuove un senso di presenza e consapevolezza accresciuto, consentendo agli individui di impegnarsi con il mondo da un luogo di profonda comprensione e compassione.

È essenziale riconoscere che la ricerca della Retta Concentrazione non è un'impresa solitaria, ma una parte integrante del viaggio collettivo verso l'illuminazione. Quando gli individui coltivano una profonda concentrazione, contribuiscono alla coesistenza armoniosa di tutti gli esseri, irradiando pace ed energia positiva nel mondo. In definitiva, il raggiungimento della Retta Concentrazione apre la strada all'attualizzazione di qualità nobili e alla realizzazione del più alto potenziale umano.

Integrazione e applicazioni pratiche

L'integrazione e le applicazioni pratiche dell'Ottuplice Sentiero sono essenziali per comprendere come questi principi possano essere introdotti nella vita quotidiana. L'integrazione implica la coltivazione di un approccio armonioso ed equilibrato alla vita, mentre le applicazioni pratiche si concentrano sull'implementazione del percorso in vari aspetti della propria esistenza.

Uno degli elementi chiave dell'integrazione dell'Ottuplice Sentiero è comprendere che ogni aspetto è interconnesso e si rafforza reciprocamente. Il percorso non è una progressione lineare, ma piuttosto un quadro olistico che lavora insieme per coltivare saggezza, condotta etica e disciplina mentale. Questa interconnessione richiede un profondo apprezzamento dell'interazione tra i diversi elementi e un impegno a nutrire ogni aspetto simultaneamente.

Le applicazioni pratiche dell'Ottuplice Sentiero possono manifestarsi in numerosi modi in diverse aree della vita. La Retta Comprensione, ad esempio, incoraggia gli individui a sviluppare una comprensione completa della natura della realtà, che può guidare il processo decisionale e le azioni in ambito personale e professionale. Allo stesso modo, la Retta Parola richiede una comunicazione sincera e compassionevole, relazioni influenti, lavoro di squadra e leadership.

Nell'ambito della condotta professionale, Giusto sostentamento delinea le implicazioni etiche delle scelte occupazionali, plasmando percorsi di carriera e culture organizzative. L'applicazione di Giusta intenzione può ispirare gli individui a dare priorità alla benevolenza e alla non violenza nelle loro interazioni all'interno degli ambienti di lavoro. Inoltre, Giusta consapevolezza può promuovere un clima lavorativo di supporto promuovendo attenzione e presenza nell'esecuzione dei compiti.

Oltre all'ambito professionale, l'Ottuplice Sentiero può avere un impatto significativo anche sul benessere individuale e sulle relazioni interpersonali. Azione giusta incoraggia gli individui a impegnarsi in comportamenti che promuovono l'armonia e scoraggiano il danno, favorendo connessioni più sane e aumentando la realizzazione personale. Sforzo giusto alimenta la resilienza e la determinazione, supportando gli individui nel superare le sfide e nel raggiungere obiettivi personali.

L'integrazione e l'applicazione pratica dell'Ottuplice Sentiero si estendono oltre i benefici individuali alle implicazioni sociali e globali. Abbracciando questi principi, le comunità possono prosperare attraverso la cooperazione, l'empatia e il processo decisionale responsabile, portando a una società più pacifica ed equa.

Capitolo IX
IMPERMANENZA (ANICCA)

Anicca, o impermanenza, è apparsa per la prima volta nelle prime discussioni religiose e filosofiche indiane. È un concetto fondamentale che racchiude la natura in continua evoluzione dell'esistenza e di tutti i fenomeni. L'impermanenza si riferisce alla natura essenziale di tutti i fenomeni di sorgere, cambiare e cessare, formando la pietra angolare della nostra esperienza e comprensione della realtà. Il termine "Anicca" deriva dal Pali, un'antica lingua indo-ariana media, e il suo utilizzo può essere fatto risalire alle prime tradizioni spirituali indiane.

I primi testi buddhisti come il Tipitaka forniscono riferimenti fondamentali ad Anicca. In queste scritture, Anicca viene rivelata come un principio centrale che permea gli insegnamenti di Siddhartha Gautama e il suo sforzo di chiarire la natura dell'esistenza e il percorso verso la liberazione dalla sofferenza. Inoltre, anche le filosofie pre-buddhiste, come quelle di Eraclito e alcune tradizioni vediche, toccano l'impermanenza, riflettendone l'universalità in diversi sistemi filosofici e culture.

Anicca è un aspetto fondamentale dei Tre Segni dell'Esistenza del Buddhismo, insieme a Dukkha (sofferenza) e Anatta (non-sé). Queste tre verità costituiscono il fondamento della filosofia Buddhista e sostengono la comprensione dell'esperienza umana e della natura della realtà. Oltre ai primi contesti Indiani e Buddhisti, varie culture hanno interpretato e integrato il concetto di Anicca in modo diverso nel tempo, mostrandone l'impatto e la rilevanza in diversi contesti sociali e storici.

Eminenti studiosi dei primi tempi come Buddhaghosa fornirono ampi commenti su Anicca, approfondendo le sue dimensioni e implicazioni multiformi all'interno del quadro dottrinale buddista. Le loro interpretazioni e analisi contribuirono all'arricchimento dell'arazzo del significato storico e della profondità filosofica di Anicca.

Inoltre, Anicca interagisce con altre dottrine chiave come il karma e l'origine dipendente all'interno della cornice buddista, tessendo insieme l'arazzo del pensiero buddista. Comprendere l'impermanenza fornisce spunti cruciali sia per il contesto storico che per l'applicazione contemporanea degli insegnamenti buddisti, offrendo preziose prospettive sull'evoluzione e la rilevanza dell'impermanenza nel plasmare la comprensione e le esperienze umane.

Nel contesto di Anicca, l'impermanenza si riferisce alla verità universale che tutti i fenomeni condizionati sono soggetti a cambiamento, decadimento e cessazione. Questa comprensione costituisce la pietra angolare dell'intuizione buddista sulla natura dell'esistenza ed è considerata cruciale per trascendere la sofferenza e raggiungere l'illuminazione.

Il concetto di impermanenza si estende ben oltre il semplice riconoscimento di cambiamenti fisici o materiali. Comprende la fluidità e la transitorietà insite in tutti gli aspetti dell'esistenza, tra cui emozioni, pensieri, relazioni e persino il sé. Riconoscendo l'impermanenza, gli individui possono coltivare una consapevolezza più profonda della natura fugace delle esperienze e degli attaccamenti, portando a un profondo cambiamento di prospettiva e a una riduzione dell'attaccamento e dell'avversione.

Negli insegnamenti buddisti, l'impermanenza è spesso illustrata attraverso l'analogia delle stagioni che cambiano, sottolineando la natura ciclica della vita e l'inevitabilità del flusso. Questa metafora serve come un potente promemoria che proprio come i fiori primaverili lasciano il posto alle foglie autunnali, tutti i fenomeni subiscono una continua trasformazione, ricordando ai praticanti la natura effimera sia della gioia che della sofferenza.

Inoltre, il concetto di impermanenza promuove un senso di umiltà e non attaccamento, incoraggiando gli individui a rinunciare alle aspettative irrealistiche di permanenza e controllo. Allentando la presa sulle nozioni fisse di identità e sicurezza, si può abbracciare l'impermanenza come un invito a vivere più pienamente e autenticamente, liberati dai vincoli della rigidità e delle aspettative non soddisfatte.

Nel profondo, il riconoscimento dell'impermanenza fornisce un passaggio alla saggezza del non-sé (Anatta) e dell'interconnessione, poiché smantella l'illusione di un sé indipendente. Questa intuizione è fondamentale per decostruire l'illusione di separatezza e promuovere compassione ed empatia verso tutti gli esseri, riconoscendo l'esperienza condivisa dell'impermanenza come una forza unificante.

Inoltre, la contemplazione dell'impermanenza funge da catalizzatore trasformativo per coltivare resilienza e accettazione in mezzo alle inevitabili transizioni e incertezze della vita. Invece di resistere al cambiamento, gli individui sono invitati ad abbracciare l'impermanenza con equanimità, trascendendo così la reattività abituale e promuovendo pace interiore e stabilità.

L'impermanenza nel pensiero filosofico pre-buddhista:

La nozione di impermanenza, sebbene in seguito cristallizzata nel contesto degli insegnamenti buddisti, trova radici nel più ampio discorso filosofico prevalente nell'era pre-buddista. Prima dell'emergere del buddismo, varie scuole e tradizioni si sono impegnate in una profonda contemplazione sulla natura dell'esistenza, della realtà e dell'essenza transitoria del mondo che le circondava. L'idea di impermanenza, nota come "anitya" in sanscrito, permeava la coscienza spirituale e filosofica del tempo, manifestandosi attraverso diverse prospettive e indagini sulla natura fondamentale dell'universo.

Le tradizioni vediche, influenti nel plasmare l'ambiente intellettuale dell'antica India, contemplavano la natura ciclica della creazione, della conservazione e della dissoluzione. Il concetto di "Rta", che denota l'ordine cosmico e le sue fluttuazioni ritmiche, gettò le basi per comprendere il cambiamento e l'impermanenza come aspetti intrinseci del disegno cosmico. Inoltre, le intuizioni upanishadiche sulla natura illusoria del mondo fenomenico e la ricerca della verità ultima sottolinearono il carattere transitorio ed effimero dei fenomeni mondani. Queste prime contemplazioni spianarono la strada a una comprensione sfumata dell'impermanenza, preparando il panorama filosofico per l'elaborazione finale di questo concetto nelle successive scuole di pensiero.

Inoltre, le scuole eterodosse della filosofia indiana, tra cui la materialista Lokayata e la scettica Charvaka, hanno esposto la natura impermanente delle percezioni sensoriali e il tessuto in continua evoluzione del mondo empirico. Il loro esame critico dell'esperienza sensoriale e il rifiuto dei costrutti metafisici riflettevano un riconoscimento pragmatico dell'impermanenza come attributo intrinseco dell'esperienza umana. Altrettanto significative erano le indagini sull'interconnessione della causalità e sull'impermanenza dei fenomeni, come chiarito nei primi testi Samkhya e Nyaya. Queste deliberazioni non solo hanno gettato una base concettuale per l'impermanenza, ma hanno anche spinto esplorazioni introspettive sulle implicazioni di queste intuizioni sulla condizione umana e sulle ricerche esistenziali.

L'impermanenza come principio fondamentale della filosofia buddista:

L'impermanenza, o "Anicca" in Pali, è uno dei pilastri fondamentali della filosofia buddista. Nata dalle profonde intuizioni del Buddha sulla natura dell'esistenza, l'impermanenza racchiude l'essenza transitoria e in continua evoluzione di tutti i fenomeni. Nel contesto del pensiero buddista, l'impermanenza funge da verità fondamentale, penetrando nel nucleo dell'esperienza umana e offrendo saggezza essenziale per affrontare la vita.

Al centro dell'impermanenza c'è la comprensione che tutti i fenomeni condizionati sono soggetti a un flusso e a un cambiamento costanti. Questo concetto risuona profondamente con i più ampi insegnamenti buddisti sull'interconnessione e l'origine dipendente. L'impermanenza riflette la legge universale secondo cui nulla rimane statico o immutabile; piuttosto, tutte le cose sorgono, durano per un po' e alla fine svaniscono. Riconoscendo questa intrinseca impermanenza, gli individui possono coltivare una mentalità di accettazione e non attaccamento, liberandosi così dalla sofferenza generata dall'attaccamento a fenomeni effimeri.

Il significato dell'impermanenza è sottolineato nel suo ruolo di controforza all'illusione di permanenza e stabilità. Attraverso la contemplazione dell'impermanenza, i praticanti possono scoprire la natura fugace delle esperienze piacevoli e la qualità transitoria degli stati emotivi. Così facendo, ottengono una comprensione della natura impermanente del sé, dissipando i concetti errati di un'identità indipendente. Questa realizzazione smantella l'illusione dell'ego, portando alla comprensione di "Anatta", o non-sé, un altro aspetto chiave dei Tre Segni dell'Esistenza.

Inoltre, l'impermanenza spinge gli individui a mettere in discussione i propri attaccamenti e avversioni, incoraggiando un'esplorazione più profonda delle cause sottostanti la sofferenza. Riconoscendo la natura impermanente di tutte le cose, gli individui coltivano un'acuta consapevolezza dell'impermanenza dei beni materiali, delle relazioni e persino della vita stessa. Questa consapevolezza accresciuta promuove un senso di equanimità e distacco, liberando gli individui dall'ansia e dall'angoscia radicate nella ricerca incessante di sicurezza e permanenza.

Il ruolo di Anicca nei tre segni dell'esistenza:

Anicca costituisce uno degli aspetti fondamentali dell'esistenza come esposto nel quadro filosofico buddista. Intimamente intrecciato nel tessuto dei tre segni dell'esistenza, insieme a dukkha (sofferenza) e anatta (non-sé), Anicca si erge come un principio fondamentale che plasma la comprensione dell'esperienza umana e della natura della realtà. Il concetto di Anicca enfatizza la natura transitoria ed effimera di tutti i fenomeni, affermando che nulla dura in eterno e tutte le cose sono soggette a cambiamento e flusso. Ciò riguarda non solo gli oggetti tangibili, ma anche gli stati emotivi, i pensieri e le percezioni, abbracciando così l'intera esperienza umana. Riconoscendo la qualità pervasiva dell'impermanenza, gli individui possono coltivare una saggezza e una comprensione più profonde della vera natura dell'esistenza. Anicca funge da lente attraverso cui si può percepire l'interconnessione e l'interdipendenza di tutti i fenomeni, trascendendo l'illusione di permanenza e promuovendo una maggiore consapevolezza della natura impermanente della realtà. Invita i praticanti a osservare il sorgere e lo svanire dei fenomeni senza attaccamento, consentendo loro di sviluppare l'accettazione della natura transitoria della vita.

Nel contesto dei tre segni dell'esistenza, Anicca si intreccia con Dukkha, chiarendo la natura intrinsecamente insoddisfacente dell'attaccamento ai fenomeni impermanenti. Il flusso perpetuo caratteristico di Anicca evoca un senso di inquietudine e disagio quando ci si attacca eccessivamente a esperienze o forme effimere, portando a sofferenza e malcontento. Inoltre, la relazione simbiotica tra Anicca e Anatta sottolinea ulteriormente le profonde implicazioni dell'impermanenza sul concetto di sé. Anicca rivela l'assenza di un'entità-sé permanente e immutabile, poiché svela il continuo processo di divenire e cessare, sfidando la nozione di un sé statico e immutabile. Questa realizzazione genera un cambiamento trasformativo di prospettiva, spingendo gli individui a districarsi dall'illusione di un'identità fissa e a riconoscere la natura fluida e in continua evoluzione del loro essere.

Il profondo significato di Anicca si estende oltre la contemplazione filosofica, permeando vari aspetti della pratica spirituale e della condotta etica. Abbracciando la natura impermanente di tutti i fenomeni, gli individui sono incoraggiati a coltivare la consapevolezza e la consapevolezza del momento presente, promuovendo un profondo senso di interconnessione e compassione verso tutti gli esseri. Anicca fornisce un terreno fertile per lo sviluppo morale, invitando gli individui a riflettere sulle conseguenze delle loro azioni e scelte alla luce dell'impermanenza. Inoltre, il riconoscimento dell'impermanenza agisce come catalizzatore per la crescita personale e la liberazione, consentendo agli individui di rinunciare ad attaccamenti e avversioni, trascendendo così il ciclo della sofferenza e ottenendo una profonda intuizione della natura della realtà.

Anicca nel contesto dell'origine dipendente:

Il concetto di impermanenza è profondamente intrecciato con l'insegnamento di Paticcasamuppada nella filosofia buddista. L'Origine Dipendente chiarisce l'interconnessione causale dei fenomeni e fornisce un profondo quadro per comprendere la natura dell'esistenza. In questo contesto, il principio di impermanenza occupa una posizione fondamentale, fungendo da collegamento cardine nella catena di causalità.

Nel contesto dell'Origine Dipendente, Anicca è evidenziato come il secondo fattore nella catena dodecagonale, immediatamente dopo l'ignoranza (avijja), che avvia il ciclo di nascita, sofferenza e rinascita. Questa collocazione sottolinea il significato dell'impermanenza come forza trainante che plasma l'esperienza umana. Inoltre, il riconoscimento dell'impermanenza è cruciale per liberarsi dal ciclo della sofferenza e raggiungere la liberazione (nirvana).

L'Origine Dipendente illustra come tutti i fenomeni nascano in dipendenza di molteplici cause e condizioni. Ogni esistenza momentanea è subordinata a una rete di fattori interconnessi, in continuo cambiamento e che danno origine a nuove manifestazioni. Comprendendo questa interazione di cause ed effetti, si può discernere la natura impermanente di tutti i fenomeni condizionati. L'impermanenza, quindi, diventa un principio fondamentale nel processo di svelamento dell'illusione di permanenza e conseguimento della saggezza.

Inoltre, la relazione tra Anicca e Origine Dipendente rivela le profonde implicazioni dell'impermanenza sulla cessazione della sofferenza. Attraverso la contemplazione perspicace e le pratiche meditative, i praticanti cercano di sperimentare direttamente la natura impermanente dei fenomeni. Questa realizzazione diretta consente agli individui di allentare la presa dell'attaccamento e dell'avversione, portando alla cessazione del desiderio e, in ultima analisi, alla cessazione della sofferenza.

Pratiche meditative per comprendere l'impermanenza:

Nella pratica del Buddhismo, le tecniche meditative svolgono un ruolo cruciale nella comprensione e nell'interiorizzazione del concetto di Anicca. Attraverso la meditazione di consapevolezza, i praticanti mirano a sviluppare un'acuta consapevolezza del momento presente e della natura in continua evoluzione di tutti i fenomeni. Una di queste pratiche meditative è Vipassana, nota anche come meditazione di insight. Questa tecnica incoraggia gli individui a osservare i propri pensieri, emozioni e sensazioni corporee senza attaccamento o avversione, ottenendo così un'intuizione esperienziale diretta sulla natura impermanente di tutte le cose. Osservando il sorgere e lo svanire delle sensazioni, i praticanti iniziano a realizzare la qualità transitoria e fugace dell'esistenza. Un'altra pratica meditativa fondamentale correlata all'impermanenza è Anapanasati, la consapevolezza del respiro. Concentrandosi sul respiro, gli individui imparano a riconoscere il flusso continuo di ogni inspirazione ed espirazione, rafforzando la comprensione dell'impermanenza a livello viscerale. Inoltre, la pratica di Metta Bhavana, o meditazione di amorevole gentilezza, integra la contemplazione dell'impermanenza nutrendo un atteggiamento compassionevole verso se stessi e gli altri di fronte alla natura transitoria della vita. Quando i praticanti coltivano l'amorevole gentilezza, diventano più inclini ad accettare l'impermanenza e sviluppano un profondo senso di equanimità. Inoltre, la tradizione Zen sottolinea l'importanza dello Zazen, o meditazione seduta, come mezzo per sperimentare direttamente l'impermanenza e l'interconnessione. Sedendosi in silenzio e osservando il flusso continuo di pensieri e sensazioni, gli individui giungono a realizzare la natura impermanente e interdipendente del loro essere. Queste pratiche meditative non solo consentono agli individui di comprendere intellettualmente l'impermanenza, ma facilitano anche una comprensione esperienziale di questo concetto buddista fondamentale. Attraverso una pratica sostenuta e diligente, si può trascendere la mera conoscenza intellettuale e integrare profondamente la realizzazione dell'impermanenza nella propria vita quotidiana, favorendo così saggezza e compassione.

L'intersezione di Anicca con altre dottrine buddiste:

Interconnessione e interdipendenza sono principi fondamentali del Buddhismo e Anicca, in quanto dottrina dell'impermanenza, svolge un ruolo cruciale nel dare forma e intrecciarsi con queste dottrine. Una delle intersezioni più profonde risiede nella relazione tra Anicca e Anatta (non-sé). L'impermanenza di tutti i fenomeni si allinea con la nozione che non esiste un sé permanente e immutabile, una comprensione centrale nel pensiero Buddhista. La realizzazione di Anicca rafforza il concetto di Anatta, poiché svela la natura transitoria di tutte le cose, incluso il sé percepito. Inoltre, il principio di Dukkha (sofferenza) è intimamente legato ad Anicca. Il riconoscimento dell'impermanenza espone la natura intrinsecamente insoddisfacente dell'attaccarsi a ciò che è transitorio. Questa comprensione costituisce la base per la cessazione della sofferenza come esposto nelle Quattro Nobili Verità. Anicca si interseca anche con gli insegnamenti sull'Origine Dipendente (Paticca Samuppada). La natura impermanente di tutti i fenomeni è intrecciata nei dodici anelli dell'origine dipendente, che illustrano la natura ciclica dell'esistenza e le condizioni che danno origine alla sofferenza. Inoltre, la pratica della consapevolezza, un aspetto fondamentale della meditazione buddista, è influenzata da Anicca. La contemplazione dell'impermanenza funge da componente centrale della pratica della consapevolezza, guidando gli individui a osservare, comprendere e accettare la natura in continuo cambiamento delle loro esperienze senza attaccamento o avversione. Inoltre, Anicca interseca il Nobile Ottuplice Sentiero, in particolare negli aspetti di Retta Comprensione e Retta Consapevolezza. La rilevanza di Anicca si estende oltre le singole dottrine, permeando l'intero quadro degli insegnamenti e delle pratiche buddiste. La sua integrazione con altri principi sottolinea il suo significato fondamentale nel contesto più ampio della filosofia buddista e dello sviluppo spirituale.

Anicca nella filosofia comparata:

Il concetto di impermanenza non è limitato esclusivamente agli insegnamenti del Buddhismo, ma risuona anche con varie tradizioni filosofiche in tutto il mondo. Mentre esploriamo Anicca nella filosofia comparata, scopriamo un ricco arazzo di prospettive che evidenziano la natura universale dell'impermanenza.

Nelle filosofie orientali, in particolare nel taoismo, il principio di impermanenza è incarnato nel concetto di Yin e Yang. L'interazione tra queste forze opposte ma complementari riflette la natura in continua evoluzione dell'esistenza, rispecchiando la fluidità e l'impermanenza sposate nella comprensione buddista di Anicca. Allo stesso modo, nell'induismo, il concetto di impermanenza è catturato nella natura ciclica di creazione, conservazione e dissoluzione, come si vede nel ciclo di nascita, vita, morte e rinascita nella dottrina del samsara. L'interconnessione dell'impermanenza con i modelli ciclici dell'esistenza sottolinea la sua risonanza attraverso diverse tradizioni filosofiche orientali.

Passando alla filosofia occidentale, troviamo echi di impermanenza nelle opere di antichi filosofi greci come Eraclito, che dichiarò notoriamente che "il cambiamento è l'unica costante". Questa profonda intuizione si allinea strettamente con la nozione buddista di Anicca, sottolineando la natura pervasiva dell'impermanenza come aspetto fondamentale della realtà. Inoltre, filosofi esistenzialisti come Friedrich Nietzsche e Martin Heidegger si sono confrontati con le implicazioni esistenziali dell'impermanenza, approfondendo l'esperienza umana di transitorietà e mortalità, che riecheggia con la contemplazione buddista di Anicca.

Inoltre, nel pensiero contemporaneo, il discorso filosofico sull'impermanenza si estende oltre i confini culturali e storici, promuovendo dialoghi interculturali e intuizioni interdisciplinari. Il riconoscimento dell'impermanenza come condizione umana condivisa funge da forza unificante, trascendendo le molteplici espressioni dell'indagine filosofica. Attraverso la filosofia comparata, acquisiamo un apprezzamento più profondo dei modi sfaccettati in cui diverse tradizioni filosofiche hanno concettualizzato e affrontato il tema universale dell'impermanenza, illuminando l'interconnessione delle esperienze umane attraverso diverse visioni del mondo.

Capitolo X
NON-SÉ (ANATTA)

Evoluzione storica del concetto di non-Sé:

Inizialmente, il concetto di non-sé, o anatta, emerse come risposta alle visioni filosofiche e religiose prevalenti del sé nell'antica società indiana. Gli insegnamenti del Buddha sfidarono la credenza prevalente in un sé o anima permanente e immutabile (atman) che sosteneva molte tradizioni spirituali del suo tempo. Attraverso i suoi discorsi e le sue intuizioni meditative, il Buddha presentò un radicale allontanamento da queste prospettive convenzionali, proponendo l'idea rivoluzionaria del non-sé. Nel tempo, il concetto di anatta divenne un aspetto integrante del primo pensiero buddista, permeando varie scritture e formando la pietra angolare degli insegnamenti del Buddha. L'evoluzione storica del non-sé non fu solo limitata agli sviluppi dottrinali, ma si estese anche all'applicazione pratica di questo concetto all'interno di comunità monastiche e seguaci laici.

Con la diffusione del Buddhismo in diverse regioni e culture, la comprensione e l'interpretazione di anatta subirono trasformazioni significative, assimilando diverse influenze filosofiche e tradizioni locali. Questa evoluzione storica portò all'emergere di distinte interpretazioni di anatta all'interno di diverse scuole e lignaggi buddisti, contribuendo al ricco arazzo del discorso filosofico che circonda il non-sé. Inoltre, l'evoluzione storica del concetto di non-sé si intersecò con il più ampio contesto socio-culturale, influenzando l'arte, la letteratura e le pratiche etiche in modi che riflettevano il profondo impatto di questo principio filosofico sul tessuto della società.

Principi filosofici fondamentali:

Al centro di Anatta c'è l'intuizione della natura impermanente e interconnessa di tutti i fenomeni, inclusa la nozione di individualità. Centrale per comprendere il concetto di non-sé è il riconoscimento che non esiste un'essenza singolare o indipendente che possa essere identificata come "sé". Questa profonda prospettiva è radicata nell'insegnamento fondamentale del Buddha sui Tre Segni dell'Esistenza, vale a dire, impermanenza, sofferenza e non-sé. Anatta, quindi, costituisce parte integrante del percorso verso l'illuminazione e la liberazione dalla sofferenza nel Buddhismo.

Il concetto di Anatta afferma che il sé non è un'entità isolata, ma è subordinato a una complessa interazione di vari fattori e condizioni. Sottolinea l'assenza di un'entità autonoma e immutabile del sé e invita i praticanti a indagare le proprie esperienze e percezioni con occhio attento. Ciò sfida l'abitudine profondamente radicata di aggrapparsi a un'identità fissa e promuove un apprezzamento più profondo per la natura in continua evoluzione dell'esistenza.

Anatta sottolinea anche il principio di interconnessione e interdipendenza, evidenziando la rete di relazioni causali che sono alla base delle nostre esperienze. Questa interconnessione si estende oltre l'individuo per comprendere tutti i fenomeni nell'universo. Attraverso la comprensione e l'incarnazione dei principi filosofici di Anatta, gli individui sono incoraggiati a coltivare saggezza, compassione e condotta etica. La pratica della consapevolezza e della meditazione svolge un ruolo cruciale nello svelare l'illusione dell'individualità e nel riconoscere la natura interdipendente della realtà.

Inoltre, i principi filosofici di Anatta si intersecano con il concetto buddista di Origine Dipendente, illustrando come tutti i fenomeni condizionati nascano in dipendenza da molteplici cause e condizioni. Questa visione interconnessa dell'esistenza ha profonde implicazioni sul modo in cui gli individui si relazionano con se stessi, con gli altri e con il mondo che li circonda.

Interconnessione e origine dipendente:

L'interconnessione si riferisce all'idea che tutti i fenomeni siano intrinsecamente interdipendenti e interconnessi, formando una complessa rete di relazioni e influenze. Questa interconnessione si estende a tutti gli aspetti dell'esistenza, comprendendo sia i regni materiali che quelli immateriali. Da un punto di vista filosofico, l'interconnessione sfida la nozione di un sé indipendente e singolare, sottolineando l'interazione dinamica tra vari elementi che compongono la nostra esperienza della realtà.

L'origine dipendente, nota anche come origine dipendente, è strettamente correlata all'interconnessione e svolge un ruolo fondamentale nell'illustrare la natura del non-sé. Delinea la catena di relazioni causali che sono alla base dell'insorgenza della sofferenza e del ciclo di nascita e morte (samsara). Secondo questa dottrina, tutti i fenomeni sorgono in modo dipendente, il che significa che giungono all'esistenza come risultato di cause e condizioni specifiche. Questo processo di origine dipendente evidenzia l'assenza di un sé permanente e autonomo, poiché dimostra che qualsiasi entità o esperienza è subordinata a numerosi fattori precedenti.

Inoltre, il concetto di origine dipendente sottolinea la dimensione etica di Anatta, poiché enfatizza la responsabilità insita nelle nostre azioni e i loro effetti a catena in tutta la rete interconnessa dell'esistenza. In sostanza, il riconoscimento dell'origine dipendente incoraggia un senso accresciuto di responsabilità morale e consapevolezza nella propria condotta, riconoscendo le conseguenze di vasta portata delle nostre scelte su noi stessi e sugli altri. Inoltre, invita gli individui a impegnarsi nella coltivazione attiva di qualità e intenzioni sane, contribuendo alla cessazione della sofferenza e al raggiungimento della liberazione.

L'approccio della Via di Mezzo:

La Via di Mezzo, o Majjhima Patipada in Pali, costituisce un concetto fondamentale nella filosofia e nella pratica buddista. Nel suo nucleo, la Via di Mezzo rappresenta l'approccio equilibrato alla vita, evitando gli estremi e trovando l'equilibrio in tutti gli aspetti dell'esistenza. Questo principio fu esposto dal Buddha nel suo primo discorso, noto come Dhammacakkappavattana Sutta, dove articolò il Nobile Ottuplice Sentiero come la Via di Mezzo tra indulgenza e ascetismo.

La Via di Mezzo implica il trascendere il pensiero dicotomico e abbracciare un percorso di moderazione, armonia e consapevolezza. Incoraggia gli individui ad affrontare le complessità della vita con discernimento e saggezza, evitando sia l'eccessivo attaccamento che l'avversione. Questo approccio si estende oltre la condotta personale e permea le dimensioni filosofiche ed etiche, guidando i praticanti verso relazioni armoniose con se stessi, gli altri e il mondo in generale.

Un aspetto toccante della Via di Mezzo è la sua enfasi nel coltivare una visione equilibrata della realtà. Spinge gli individui a riconoscere la natura impermanente e interconnessa dell'esistenza senza soccombere a prospettive nichiliste o assolutiste. Riconoscendo la natura transitoria dei fenomeni, si può sviluppare una comprensione dell'impermanenza e dell'adattabilità, favorendo la resilienza e la pace interiore.

Inoltre, la Via di Mezzo informa il processo decisionale etico, sostenendo una condotta virtuosa e astenendosi dall'autoindulgenza o dall'automortificazione. Questo quadro etico si allinea con il più ampio concetto buddista di karma, sottolineando l'importanza delle azioni intenzionali e delle loro conseguenze sullo sviluppo spirituale di una persona.

Anatta vs. Atman:

Nella filosofia buddista, il concetto di Anatta (non-sé) è in netto contrasto con la nozione indù di Atman (il sé trascendente). Mentre Atman postula l'esistenza di un'essenza o anima eterna e immutabile all'interno di ogni individuo, Anatta sfida questo affermando che non esiste un'entità permanente e immutabile che possa essere identificata come il sé. Il discorso comparativo tra Anatta e Atman si addentra nel cuore dell'indagine filosofica riguardante la natura del sé e della realtà.

Atman, spesso raffigurato come il vero sé o essenza interiore nel pensiero indù, simboleggia l'identità essenziale dell'individuo che trascende il regno fisico e incarna il divino. Al contrario, Anatta rifiuta l'idea di un sé fisso e immutabile e sottolinea la natura impermanente e interconnessa di tutti i fenomeni. Questo paragone porta a una distinzione fondamentale tra i percorsi verso la liberazione sostenuti da queste due filosofie.

Mentre il concetto di Atman si allinea con la ricerca della realizzazione dell'essenza eterna dentro di sé, Anatta guida i praticanti verso il riconoscimento della natura transitoria e interdipendente dei fenomeni e la dissipazione dell'illusione di un sé separato. Uno studio completo di questo discorso comparativo svela anche le opinioni divergenti sulla natura della sofferenza e sui mezzi per raggiungere la liberazione. Nell'Induismo, l'identificazione con Atman e la realizzazione della sua unità con Brahman sono cruciali per liberarsi dal ciclo di nascita e morte.

Al contrario, la prospettiva buddista suggerisce che aggrapparsi all'illusione di un sé permanente perpetua il ciclo della sofferenza e che la liberazione si ottiene comprendendo e trascendendo questo attaccamento. Inoltre, l'esplorazione comparativa fa luce sulle implicazioni etiche e morali associate a queste due visioni contrastanti del sé. Mentre Atman sottolinea il significato della moralità come mezzo per purificare l'anima e raggiungere l'unione con il divino, Anatta sottolinea l'importanza della condotta etica come mezzo per alleviare la sofferenza e coltivare la compassione per tutti gli esseri.

Dimensioni etiche del non-Sé:

La comprensione del non-sé sfida la nozione di un sé o ego permanente e intrinseco, favorendo un senso di interconnessione e interdipendenza con tutti gli esseri senzienti e il mondo in generale. Questo riconoscimento funge da bussola morale, guidando gli aderenti verso azioni radicate nella compassione, nell'empatia e nell'altruismo piuttosto che in desideri o attaccamenti egocentrici.

Fondamentalmente, il rifiuto di un sé fisso attraverso la dottrina dell'anatta smantella la base del comportamento egoistico, promuovendo un'umiltà che disintegra le barriere tra sé e gli altri. Questa dissoluzione dell'importanza di sé nutre un impegno profondo verso una condotta etica, poiché incoraggia gli individui a riconoscere l'umanità condivisa e l'interconnessione di tutti gli esseri. Inoltre, l'assenza di un'immagine di sé permanente consente ai praticanti di affrontare le decisioni morali con un senso di equanimità e imparzialità, liberi dai pregiudizi e dalle distorsioni spesso perpetuati da una forte identificazione con il sé.

Inoltre, le dimensioni etiche del non-sé si estendono alla coltivazione di qualità virtuose come generosità, gentilezza e altruismo. Riconoscendo la natura transitoria e interconnessa dell'esistenza, gli individui sono spinti a impegnarsi in atti di benevolenza ed empatia disinteressati, spinti dalla consapevolezza che il benessere degli altri è legato al proprio. Le ingiunzioni etiche derivanti dal concetto di non-sé risuonano in tutti gli insegnamenti morali buddisti e le linee guida etiche, sottolineando il significato dell'azione compassionevole e la ricerca dell'armonia all'interno della comunità.

Inoltre, la realizzazione del non-sé facilita la pratica della moderazione etica, poiché gli individui sviluppano una maggiore consapevolezza della natura impermanente e condizionata dei loro desideri e attaccamenti. Riconoscendo l'assenza di un sé, si è spinti a rivalutare le motivazioni alla base delle proprie azioni, coltivando una consapevolezza discernente che mitiga il potenziale di condotta dannosa o sfruttamento. Questo impulso etico si allinea con il precetto buddista di non nuocere (ahimsa) e promuove un impegno coscienzioso con il mondo, sostenuto da un impegno per l'integrità etica e l'armonia.

I cinque aggregati:

Il concetto dei Cinque Aggregati costituisce un aspetto fondamentale della filosofia buddista, offrendo intuizioni profonde sulla natura dell'esistenza umana e sull'illusione del sé. Questi aggregati, vale a dire forma (Rupa), sensazioni (Vedana), percezione (Sanna), formazioni mentali (Sankhara) e coscienza (Vinnana), chiariscono collettivamente l'esperienza umana e la costruzione dell'identità personale. Comprendere i Cinque Aggregati svela la natura transitoria e interdipendente degli esseri umani, sfidando le nozioni convenzionali di un sé. Forma (Rupa), il primo aggregato, comprende gli aspetti fisici dell'esistenza, illustrando la natura impermanente e condizionale del corpo. I nostri corpi subiscono costantemente cambiamenti, rispecchiando l'impermanenza insita in tutti gli aspetti della vita. Le sensazioni (Vedana) costituiscono la base dell'esperienza umana, comprendendo la gamma di risposte emotive che derivano dalle interazioni con il mondo.

Questo aggregato mette a nudo la natura fluttuante del piacere, del dolore e della neutralità, fungendo da porta d'accesso alla comprensione della qualità transitoria del nostro mondo interiore. La percezione (Sanna) svolge un ruolo fondamentale nel plasmare la nostra comprensione della realtà, influenzando la cognizione e contribuendo alla costruzione di significato e importanza nelle nostre esperienze. Le formazioni mentali (Sankhara) si addentrano nel complesso regno di pensieri, azioni e abitudini, rivelando i processi che modellano il nostro panorama psicologico. La coscienza (Vinnana), il quinto aggregato, perpetua l'illusione di un sé coerente e stabile, evidenziando l'interconnessione delle esperienze passate, presenti e future.

Sebbene ogni aggregato possa essere analizzato indipendentemente, è fondamentale riconoscere che non esistono in isolamento, ma piuttosto funzionano insieme come una rete inseparabile. Questa interconnessione costituisce la base della nostra realtà esperienziale e svolge un ruolo fondamentale nella comprensione del concetto di non-sé.

Innanzitutto, è essenziale comprendere che gli aggregati non sono entità statiche, ma sono in un costante stato di flusso. L'impermanenza della forma (Rupa), delle sensazioni (Vedana), delle percezioni (Sanna), delle formazioni mentali (Sankhara) e della coscienza (Vinnana) significa che sorgono e cessano continuamente, influenzandosi reciprocamente in modo interdipendente in questo processo. Ad esempio, una particolare sensazione può portare a una certa percezione, innescando una serie di formazioni mentali e influenzando la coscienza successiva. Questa interazione dinamica tra gli aggregati evidenzia la loro natura interconnessa.

Inoltre, l'insegnamento del Buddha sull'Origine Dipendente (Paticca Samuppada) sottolinea l'interconnessione degli aggregati. Secondo questo insegnamento, il sorgere di un aggregato dipende dalla presenza di altri, creando una complessa rete di interrelazioni. Ad esempio, il sorgere della coscienza dipende dalla presenza di nome-e-forma, che comprende l'aggregato di forma, percezione, formazioni mentali e coscienza. Questa interdipendenza dimostra i collegamenti tra gli aggregati e come uno non possa esistere senza gli altri.

Inoltre, l'interconnessione degli aggregati è anche correlata alla legge di causa ed effetto nella filosofia buddista. Ogni aggregato influenza e condiziona gli altri, dando origine al ciclo continuo di esperienza e sofferenza. Riconoscendo e indagando la natura interconnessa degli aggregati, i praticanti acquisiscono intuizioni sulle cause sottostanti della sofferenza e sui percorsi verso la liberazione.

1. La forma e la sua impermanenza:
La forma, o rupa, rappresenta l'aspetto fisico dei cinque aggregati nel contesto di Anatta. Comprende gli elementi materiali e le proprietà che costituiscono il corpo e il mondo esterno che percepiamo. All'interno della cornice buddista, rupa funge da componente fondamentale per comprendere la natura transitoria ed effimera dell'esistenza. L'impermanenza, o anicca, è un principio fondamentale negli insegnamenti del Buddismo e rupa esemplifica questa impermanenza in termini concreti. Il corpo fisico, come forma o rupa, è soggetto a continui cambiamenti e decadimento. Dal momento della nascita, subisce un processo di crescita, invecchiamento e disintegrazione finale. Questa transitorietà intrinseca della forma fisica sfida la percezione convenzionale di un sé o identità fissi. Invece, indica una natura fluida e interconnessa dell'essere.

Inoltre, la contemplazione dell'impermanenza incoraggia ad abbracciare le esperienze con un maggiore senso di consapevolezza e apprezzamento, riconoscendo la natura fugace delle percezioni sensoriali e delle sensazioni fisiche. Rupa si estende anche oltre il corpo individuale per comprendere il mondo esterno, sottolineando che tutti i fenomeni materiali sono soggetti allo stesso principio universale di impermanenza. Attraverso questo riconoscimento, gli individui possono sviluppare una prospettiva più ampia sull'interdipendenza e l'interconnessione di tutte le forme di esistenza, promuovendo un senso di compassione ed empatia.

2. Sensazioni: il fondamento dell'esperienza.

Le sensazioni, o Vedana, rappresentano il tono del sentimento che accompagna tutte le esperienze, siano esse piacevoli, spiacevoli o neutre. Queste sensazioni sorgono come risultato del contatto con stimoli esterni e sono strettamente intrecciate con i nostri stati fisici e mentali.

Vedana funge da precursore dei nostri processi emotivi e cognitivi, influenzando il nostro processo decisionale e il benessere generale. Riconoscendo la natura transitoria ed effimera delle sensazioni, possiamo sviluppare una consapevolezza più profonda dell'impermanenza che sostiene la nostra esistenza. Inoltre, Vedana fornisce una porta di accesso alla comprensione dell'interconnessione delle nostre esperienze e di come queste modellano la nostra percezione della realtà. Attraverso la pratica della consapevolezza e dell'introspezione, gli individui possono osservare il sorgere e lo svanire delle sensazioni, ottenendo intuizioni sulla natura transitoria e fugace della vita.

Nel contesto di Anatta, la contemplazione di Vedana invita gli individui a mettere in discussione la proprietà e il controllo intrinseco su queste sensazioni. Invece di identificarsi con esse come "mie" o "sé", un praticante può discernere che Vedana emerge e cessa in base a condizioni causali, privo di un'entità intrinseca del sé. Questa realizzazione non solo favorisce un senso di distacco dalle vicissitudini dell'esperienza, ma coltiva anche profonda compassione ed empatia verso gli altri che subiscono sensazioni simili.

Inoltre, esaminare Vedana all'interno della struttura dei cinque aggregati illumina come le sensazioni si intrecciano con altre componenti mentali come la percezione e le formazioni mentali. Questa interazione sottolinea la natura dinamica e interdipendente della nostra realtà soggettiva, sfidando in ultima analisi qualsiasi nozione fissa di individualità. Il riconoscimento della natura in continua evoluzione di Vedana smantella l'illusione di un sé permanente e immutabile, aprendo la strada a una profonda comprensione di Anatta.

3. Percezione: costruire la realtà.

La percezione (sanna) comprende il processo mediante il quale la mente categorizza e interpreta le informazioni sensoriali, plasmando così la nostra comprensione del mondo che ci circonda. Come individui, le nostre percezioni sono influenzate da una miriade di fattori quali l'educazione culturale, le esperienze personali e i pregiudizi cognitivi.

Al centro, la percezione implica il riconoscimento e la classificazione degli stimoli sensoriali. Quando incontriamo un oggetto o un evento, la nostra mente si impegna rapidamente nel discernimento dei suoi attributi, associandoli a costrutti mentali preesistenti. Tuttavia, è fondamentale riconoscere che questi quadri percettivi non sono statici; si evolvono e si adattano in base a nuovi incontri e apprendimento. In effetti, sanna è una facoltà dinamica che elabora continuamente i dati in arrivo, adattando la nostra comprensione in risposta a nuovi stimoli.

Inoltre, l'impatto della percezione si estende oltre il semplice riconoscimento. In particolare, sanna è profondamente intrecciato con i processi cognitivi che sostengono il processo decisionale e le risposte emotive. Le interpretazioni derivate dalla percezione possono evocare reazioni emotive e informare le successive scelte comportamentali. Pertanto, il significato di sanna non risiede solo in questa categorizzazione dell'input sensoriale, ma anche nella sua influenza sul nostro panorama psicologico e comportamentale.

Nel contesto di Anatta, il concetto di percezione sottolinea la natura illusoria delle nostre realtà costruite. Riconoscendo il ruolo di sanna nel plasmare la nostra comprensione di sé e dei fenomeni esterni, otteniamo una comprensione della natura transitoria e interdipendente della coscienza. Invece di vedere le nostre percezioni come verità assolute, una comprensione di Anatta incoraggia i praticanti a coltivare un senso di discernimento, riconoscendo la natura impermanente e condizionata dei nostri quadri interpretativi. Questa riflessione critica funge da porta d'accesso per allentare la presa delle prospettive egocentriche e abbracciare una visione del mondo più espansiva e interconnessa.

4. Formazioni mentali e processi di pensiero:

Le formazioni mentali, note come Sankhara nella lingua Pali, comprendono un ampio spettro di attività mentali, tra cui pensieri, emozioni, volizioni e disposizioni. Per comprendere il concetto di Sankhara, è importante riconoscere il loro ruolo nel plasmare le nostre esperienze e contribuire alla perpetuazione della sofferenza. I Sankhara non sono semplici elementi passivi della mente; piuttosto, partecipano attivamente alla costruzione della nostra realtà. Attraverso l'interazione di vari Sankhara, gli individui percepiscono e interpretano il mondo che li circonda, spesso condizionando risposte e azioni.

Gli insegnamenti del Buddha chiariscono che i Sankhara nascono dalle interazioni di un individuo con l'ambiente, le esperienze e le percezioni, influenzando così lo stato dell'essere dell'individuo e i comportamenti successivi. Inoltre, la natura interconnessa dei Sankhara evidenzia il loro impatto sulla continuità della coscienza e la perpetuazione del ciclo dell'esistenza. Comprendere la relazione tra formazioni mentali e l'insorgere della sofferenza è fondamentale nel percorso verso la liberazione.

Nell'ambito di Anatta, riconoscere la natura impermanente e condizionata dei Sankhara conduce alla profonda realizzazione del non-sé. Osservando attentamente e comprendendo la natura transitoria e interdipendente delle formazioni mentali, gli individui possono coltivare la saggezza e allentare la presa dell'attaccamento e dell'identificazione. Inoltre, la pratica della consapevolezza svolge un ruolo cruciale nella contemplazione dei Sankhara, consentendo agli individui di osservare direttamente l'insorgere, la persistenza e la cessazione di questi processi mentali senza attaccamento o avversione.

5. Coscienza: l'illusione della continuità.
Il concetto di coscienza, noto come Vinnana in Pali, denota la consapevolezza o la cognizione che sorge in risposta a stimoli sensoriali e oggetti mentali. Mentre la coscienza è spesso percepita come un flusso continuo e ininterrotto, un esame approfondito rivela che comprende momenti discreti di consapevolezza, ognuno dei quali sorge e cessa in rapida successione. Questa intuizione sfida la nozione comune di un sé persistente e immutabile.

Secondo la filosofia buddista, l'illusione di continuità nella coscienza contribuisce all'equivoco di un'entità-sé permanente e immutabile. Riconoscendo la natura momentanea della coscienza, i praticanti possono sviluppare una comprensione più profonda dell'impermanenza e del non-sé. Inoltre, Vinnana è collegato agli altri aggregati, in particolare alle formazioni mentali (Sankhara), poiché alimenta il ciclo continuo dell'esistenza condizionata.

Quando osservata attentamente, la coscienza mostra un'origine dipendente, in cui il suo sorgere è contingente a vari fattori causali, come organi di senso, oggetti sensoriali e impressioni mentali precedenti. Questa interconnessione sottolinea l'assenza di un sé autonomo, sfidando convinzioni profondamente radicate sull'identità personale.

Attraverso la consapevolezza e la contemplazione meditativa, gli individui possono sperimentare direttamente la natura transitoria e interdipendente della coscienza, dissipando l'illusione di una continuità ininterrotta. Pertanto, l'esplorazione di Vinnana funge da aspetto cruciale per svelare l'illusione dell'individualità e realizzare le profonde implicazioni di Anatta nel plasmare l'esperienza e la percezione umana.

Capitolo XI
KARMA E RINASCITA

Principi fondamentali del karma:

1. Introduzione al concetto:
Il karma, da un punto di vista filosofico professionale, è la legge universale di causa ed effetto che governa le azioni di tutti gli esseri senzienti e le loro conseguenze. Incarna l'idea che ogni azione, sia essa mentale, verbale o fisica, produce un risultato corrispondente che plasma le esperienze future di una persona. Il concetto di karma può essere fatto risalire ai primi insegnamenti del Buddhismo, dove funge da principio fondamentale per comprendere i processi della vita e la responsabilità morale.

L'origine e l'evoluzione del Karma nella dottrina buddista rivelano il suo sviluppo dalle tradizioni vediche dell'antica India. Inizialmente, il Karma era associato alle azioni rituali e ai loro frutti, ma nel tempo si è trasformato in un concetto etico più ampio che comprende intenzioni, motivazioni e la qualità etica delle azioni. Questa trasformazione ha riflesso un progresso nella comprensione morale e ha gettato le basi per l'ampia elaborazione del Karma nei testi buddisti.

I riferimenti al Karma sono abbondanti nei primi testi buddisti come il Sutta Pitaka e il Vinaya Pitaka. Questi testi chiariscono la natura del Karma e il suo ruolo nel plasmare il destino di un individuo. Sottolineano il meccanismo centrale di causa ed effetto, affermando che le azioni di una persona generano risultati corrispondenti, creando così una catena di causalità che determina la traiettoria dell'esistenza.

Causa ed effetto sono i meccanismi principali alla base del Karma, delineando come le azioni intenzionali producono determinati risultati. Il Karma buono (sano) e il Karma cattivo (non sano) rappresentano la polarità etica delle azioni. Ad esempio, gli atti di gentilezza, generosità e compassione portano all'accumulo di Karma buono, che contribuisce a circostanze favorevoli e all'avanzamento spirituale, mentre le azioni dannose generano Karma cattivo, che porta a sofferenza e impedimenti nel progresso spirituale.

L'influenza del Karma sul comportamento etico nella vita quotidiana non può essere sopravvalutata. Data la convinzione nelle ripercussioni delle azioni, gli individui sono motivati ad agire in modo coscienzioso e virtuoso, coltivando così impronte karmiche positive. L'intenzione funge da determinante fondamentale della natura e dell'esito del Karma. Gli atti compiuti con intenzioni pure producono risultati benefici, mentre quelli radicati in motivazioni negative portano conseguenze indesiderabili.

Casi di studio tratti dalle scritture buddiste illustrano spesso il funzionamento del Karma attraverso parabole e narrazioni. Questi esemplificano le implicazioni di vasta portata del Karma, dimostrando come gli individui raccolgono i frutti karmici delle loro azioni in varie vite, sottolineando così l'interconnessione delle azioni e delle loro conseguenze.

Esistono idee sbagliate comuni sul Karma dentro e fuori il Buddhismo, come nozioni semplificate di un paradigma lineare causa-effetto, o la visione fatalistica che tutto è predeterminato da azioni passate. Tuttavia, una comprensione più sfumata riconosce la complessità del Karma, che comprende l'interazione di volontà, condizioni esterne e il potenziale di cambiamento e liberazione attraverso consapevolezza e condotta etica.

2. Origini ed evoluzione:

Le origini del Karma possono essere fatte risalire alle antiche tradizioni indiane. Il termine "karma" deriva dalla parola sanscrita per "azione" o "atto", e la prima comprensione del karma era profondamente connessa alle pratiche rituali e alle norme sociali prevalenti nel periodo vedico. È fondamentale riconoscere che il karma non è apparso come un concetto unico o rivoluzionario nell'evoluzione storica del pensiero religioso indiano; piuttosto, ha subito trasformazioni significative quando è stato assimilato in vari sistemi filosofici.

L'evoluzione del concetto di karma può essere osservata attraverso i cambiamenti nella sua interpretazione e applicazione all'interno di diverse tradizioni spirituali e filosofiche. Ad esempio, le prime Upanishad introdussero l'idea del karma come principio di causa ed effetto, collegato al ciclo del samsara e al raggiungimento della liberazione (moksha). Questa associazione tra azioni individuali e le loro conseguenze gettò le basi per lo sviluppo di dimensioni morali ed etiche inerenti al concetto di karma.

Con l'emergere del Buddhismo come una distinta scuola filosofica, il concetto di karma subì ulteriori perfezionamenti e innovazioni. Siddhartha Gautama, in seguito noto come Buddha, incorporò il karma nei suoi insegnamenti come elemento fondamentale dell'esistenza umana. Tuttavia, in contrasto con i rituali vedici prevalenti e le ideologie brahmaniche, il Buddha sottolineò le implicazioni psicologiche ed etiche del karma, concentrandosi sull'intenzione dietro le azioni piuttosto che esclusivamente sull'esecuzione di rituali prescritti.

Nel corso del tempo, diverse interpretazioni del karma sono emerse all'interno della tradizione buddista, influenzate da differenze culturali, geografiche e dottrinali. Scuole come Theravada, Mahayana e Vajrayana hanno sviluppato prospettive uniche sul funzionamento del karma, offrendo analisi dei processi karmici e delle loro implicazioni per il progresso spirituale. Inoltre, il concetto di karma ha permeato vari aspetti della vita sociale ed etica, plasmando i quadri morali e i sistemi legali nelle società buddiste in tutta l'Asia.

Nei tempi moderni, il concetto di karma ha trasceso i suoi tradizionali confini religiosi e ha trovato risonanza nel discorso filosofico globale, nella psicologia e nella cultura popolare. La sua adattabilità e universalità hanno contribuito alla sua rilevanza nell'affrontare questioni esistenziali relative all'agenzia umana, alla responsabilità e alla natura della sofferenza.

3. Meccanismi d'azione: causa ed effetto.
Nella filosofia buddista, il concetto di karma è legato alla comprensione di causa ed effetto. Il karma è visto come la forza che guida il ciclo di causa ed effetto, plasmando le esperienze e le circostanze degli individui nel tempo. Il meccanismo di azione implica una profonda comprensione di come intenzioni e azioni portino a conseguenze specifiche.

Centrale alla nozione di karma è la comprensione che ogni azione o intenzione, sia essa fisica, verbale o mentale, ha un risultato corrispondente. Questa relazione causa-effetto non è arbitraria; piuttosto, opera all'interno di un quadro di principi etici e responsabilità morale. Si ritiene che le azioni informate da intenzioni e virtù positive producano risultati benefici, mentre quelle guidate da motivazioni negative possono comportare conseguenze indesiderabili.

Inoltre, il concetto di karma sottolinea l'interconnessione di tutti gli esseri viventi e delle loro esperienze. Le azioni karmiche di ogni individuo contribuiscono alla rete collettiva di causa ed effetto, influenzando non solo il loro futuro, ma anche l'ambiente più ampio in cui esistono.

In questo contesto, la comprensione del karma si estende oltre i risultati visibili immediati e comprende la nozione di effetti di maturazione. Ciò suggerisce che le conseguenze delle azioni potrebbero manifestarsi in periodi variabili, anche in vite future, secondo la credenza nella rinascita. Di conseguenza, la prospettiva su causa ed effetto nel Buddhismo è espansiva, riconoscendo l'impatto di azioni e intenzioni attraverso più vite.

Inoltre, il meccanismo del karma sottolinea il ruolo della volontà nel plasmare la qualità delle azioni e i loro effetti successivi. Le intenzioni sono al centro della potenza karmica, determinando la natura etica e il peso morale delle azioni di un individuo. Pertanto, il riconoscimento delle proprie intenzioni e la coltivazione di motivazioni sane sono fondamentali per affrontare la complessa rete di causa ed effetto.

4. Karma buono contro Karma cattivo:
Il karma, come esposto negli insegnamenti buddisti, comprende non solo il concetto di causa ed effetto, ma anche le implicazioni morali delle azioni individuali. Il buon karma è costruito su intenzioni e azioni sane che promuovono benevolenza, compassione e saggezza. È intrinsecamente collegato al concetto di merito, in cui le azioni virtuose contribuiscono a risultati positivi e progresso spirituale. Al contrario, il cattivo karma nasce da pensieri e comportamenti malsani che perpetuano sofferenza, discordia e ignoranza. Riconoscere le conseguenze delle proprie azioni, sia nella vita presente che nelle rinascite successive, sottolinea la gravità del coltivare un buon karma e astenersi da azioni negative.

L'interconnessione tra karma e vita etica è sottolineata dall'enfasi sull'Ottuplice Sentiero, un quadro fondamentale per condurre un'esistenza morale e consapevole in conformità con i principi buddisti. Attraverso la lente dell'Ottuplice Sentiero, gli individui sono incoraggiati a coltivare virtù come la parola giusta, l'azione giusta e il sostentamento giusto, che li guidano verso la generazione di impronte karmiche positive.

Al contrario, gli effetti dannosi delle azioni dannose, radicate nell'avidità, nell'odio e nell'illusione, sono indicativi dell'accumulo di karma negativo.

5. Karma e vita etica:
La comprensione del karma incoraggia gli individui a contemplare le conseguenze delle proprie azioni, sia nel presente che nel lungo termine. Questa contemplazione porta a un accresciuto senso di responsabilità morale e di rendicontazione delle proprie azioni. Vivere eticamente, quindi, diventa parte integrante del percorso di un praticante verso l'illuminazione. In conformità con i principi del karma, gli individui sono spinti a coltivare virtù come compassione, generosità, veridicità e non violenza. Incarnando queste qualità virtuose, si creano impronte karmiche positive, che contribuiscono al miglioramento generale di se stessi e dell'ambiente circostante.

Inoltre, il concetto di vita etica nel contesto del karma sottolinea l'interconnessione di tutti gli esseri senzienti. Riconoscere questa interconnessione promuove un senso di empatia e considerazione per gli altri, motivando gli individui ad agire con benevolenza e consapevolezza nelle loro interazioni. Inoltre, la vita etica alla luce del karma costringe i praticanti a riflettere sulle intenzioni dietro le loro azioni. Sottolinea l'importanza di compiere azioni con intenzioni pure, libere da desideri egoistici o motivazioni dannose. Allineando le proprie intenzioni con valori nobili, gli individui aprono la strada a risultati karmici positivi.

Altrettanto importante è la nozione di evitare azioni che arrecano danno a se stessi o agli altri. I praticanti sono incoraggiati ad astenersi dall'impegnarsi in comportamenti dannosi che seminano i semi di ripercussioni karmiche negative. Sono chiamati a esercitare discernimento e moderazione, salvaguardando così se stessi e gli altri dagli effetti dannosi di azioni malsane. Inoltre, il concetto di vita etica si estende oltre la condotta personale per comprendere dimensioni sociali e ambientali. I praticanti sono esortati a sostenere la giustizia, l'uguaglianza e l'armonia ecologica, riconoscendo che le loro azioni collettive riverberano attraverso la rete del karma. Questa consapevolezza ispira gli individui a impegnarsi per una trasformazione positiva non solo dentro se stessi ma anche all'interno della comunità più ampia.

6. Influenza dell'intenzione sul karma:

Nel Buddhismo, il concetto di intenzione, noto come "cetana", illumina il significato della disposizione mentale e della volontà nel plasmare la qualità etica delle azioni e le loro ripercussioni karmiche. Secondo gli insegnamenti del Buddha, il valore etico di un'azione non è determinato solo dalle sue conseguenze esterne, ma è profondamente radicato nella purezza o contaminazione dell'intenzione che sta dietro di essa. Questa profonda intuizione sottolinea le sottili complessità del karma e solleva questioni fondamentali sulla motivazione e la responsabilità umana.

L'intenzione dietro un'azione plasma l'essenza morale dell'atto, colorandolo con qualità sane o malsane. Sia le intenzioni positive che quelle negative generano energie karmiche corrispondenti che maturano e si dispiegano in accordo con la loro natura etica intrinseca. L'interazione tra intenzione e karma è magnificamente chiarita nel principio di "kamma-patha", che denota il percorso in cui viaggia il karma, sottolineando la connessione intrinseca tra intenzione e traiettoria del karma. Evidenzia che un'azione radicata nella benevolenza e nella compassione produce risultati karmici favorevoli, mentre le azioni derivanti dalla malevolenza o dall'ignoranza comportano conseguenze avverse. Questa profonda comprensione funge da luce guida per gli individui che si sforzano di condurre vite etiche e coltivare potenziali karmici positivi.

Inoltre, le scritture buddiste abbondano di narrazioni e parabole che illustrano vividamente il potere trasformativo di pensieri e azioni intenzionali. Attraverso questi casi di studio, il funzionamento dell'intenzione nel plasmare traiettorie karmiche prende vita, offrendo preziosi spunti sulle sfumature del processo decisionale etico e sulle ripercussioni karmiche. Approfondendo queste storie, i lettori possono contemplare e discernere la sottile interazione tra intenzione e il suo impatto sul flusso del karma. Svelare l'influenza dell'intenzione sul karma richiede sincera introspezione, discernimento etico e una maggiore consapevolezza dei propri stati mentali. Invita gli individui a coltivare consapevolezza e saggezza introspettiva, consentendo loro di sfruttare l'immenso potenziale dell'intenzione nel guidare il corso dei loro destini karmici verso risultati sani e benefici.

Concettualizzazione di Rinascita:

Il concetto di rinascita, o "punarjanma" in sanscrito, è profondamente radicato nei testi storici e nei riferimenti che hanno svolto un ruolo fondamentale nel plasmare la comprensione di questo profondo fenomeno. I primi riferimenti alla rinascita si trovano nel Canone Pali, che contiene i discorsi attribuiti al Buddha stesso. In questi antichi testi, il Buddha espone la natura della rinascita, presentandola come un aspetto fondamentale dell'esistenza governato dalla legge del karma.

Inoltre, i racconti Jataka, una raccolta di storie che raccontano le vite passate del Buddha, forniscono approfondimenti preziosi sui contesti culturali e narrativi che circondano la credenza nella rinascita. Queste narrazioni servono non solo come insegnamenti morali ed etici, ma anche come vivide rappresentazioni delle conseguenze karmiche che portano alla rinascita in diverse forme.

Oltre ai testi canonici, una ricchezza di commenti e trattati di eminenti studiosi buddhisti di varie tradizioni approfondisce le dimensioni multiformi della rinascita. L'Abhidhamma Pitaka, ad esempio, analizza sistematicamente i meccanismi della coscienza e la sua continuità attraverso molteplici vite, gettando luce sul funzionamento della rinascita da una prospettiva filosofica e psicologica.

Inoltre, le prove culturali e storiche provenienti da diverse società buddiste forniscono preziose informazioni sulla diffusa accettazione e interpretazione della rinascita. Manufatti come iscrizioni, sculture e dipinti raffigurano scene legate alla rinascita, mostrando l'influenza di questo concetto sul patrimonio artistico delle civiltà buddiste.

Oltre alle fonti testuali e materiali, le tradizioni orali e le credenze popolari riguardanti la rinascita sono state tramandate di generazione in generazione, aggiungendo una dimensione etnografica all'arazzo storico della rinascita nel Buddhismo. Questi resoconti orali offrono uno sguardo alle esperienze vissute e alle pratiche comunitarie che continuano a perpetuare la credenza nella rinascita all'interno di distinti contesti culturali.

1. Fondamenti filosofici:
Nella sua essenza, la rinascita incarna la legge del karma, la legge morale di causa ed effetto che governa l'universo. Da un punto di vista filosofico, la rinascita sottolinea la natura non dualistica dell'esistenza, sfidando le nozioni convenzionali di nascita e morte come eventi distinti e separati. Invece, ritrae la vita come un continuum continuo, dove la coscienza individuale attraversa nascite e morti successive in modo ciclico.

Centrale per i fondamenti filosofici della rinascita è la nozione di anatta, o "non-sé", che nega l'esistenza di un sé o anima permanente e immutabile. Ciò sfida il concetto prevalente di identità personale e sottolinea la natura transitoria e condizionata di tutti i fenomeni, inclusa la coscienza umana. In questo contesto, la rinascita funge da veicolo per comprendere la natura impermanente e interdipendente dell'esistenza, trascendendo i limiti delle visioni individualistiche del sé e della realtà.

Inoltre, il fondamento filosofico della rinascita si interseca con il concetto buddista di dukkha, o sofferenza, chiarendo il ciclo del samsara, il ciclo infinito di nascita, morte e rinascita guidato dall'attaccamento e dall'ignoranza. Offre una prospettiva sfumata sulla natura della sofferenza e fornisce un quadro per comprendere la continuità dell'influenza karmica attraverso le vite, favorendo così una maggiore consapevolezza e responsabilità per le proprie azioni.

Da un punto di vista metafisico, i fondamenti filosofici della rinascita spingono a riflettere sulla natura della coscienza e sui processi alla base del trasferimento del karma da una vita all'altra. Approfondendo questioni di continuità e trasformazione, invita a una profonda indagine sui costituenti fondamentali dell'esperienza e sulle implicazioni esistenziali degli esiti karmici.

2. Meccanismi di rinascita:
Da un punto di vista analitico, la comprensione della rinascita comprende varie dimensioni filosofiche, psicologiche e metafisiche che collettivamente sostengono la transizione da una vita all'altra. Secondo gli insegnamenti buddisti, il processo di rinascita è collegato all'accumulo di impronte karmiche o potenziali da azioni ed esperienze passate. Queste impronte fungono da agenti causali che modellano l'esistenza successiva di un individuo, influenzando così le sue esperienze, circostanze e opportunità nella vita successiva. È fondamentale affrontare i meccanismi della rinascita con una lente completa, incorporando intuizioni da diverse tradizioni buddiste e scuole di pensiero. Questa prospettiva analitica richiede

un'esplorazione sfumata dell'interazione tra coscienza, formazioni volitive (sankhara) e la perpetuazione dell'esistenza samsarica.

Inoltre, esaminare la meccanica della rinascita comporta la contemplazione del ruolo del desiderio e dell'attaccamento nel promuovere la natura ciclica dell'esistenza, in linea con i principi buddhisti fondamentali. Inoltre, impegnarsi in un'analisi rigorosa della rinascita implica la valutazione critica delle implicazioni dell'origine dipendente (paticcasamuppada) e della cessazione della sofferenza, come delineato nei testi buddhisti fondamentali. Questo esame multiforme sollecita indagini approfondite sulla natura dell'identità personale, il continuum della coscienza e le ramificazioni etiche delle proprie azioni in relazione alle future rinascite. Adottando una prospettiva analitica, i praticanti e gli studiosi possono approfondire la loro comprensione dell'elaborata rete di causalità che governa i processi di rinascita.

3. Fasi del processo di rinascita:
Le fasi della rinascita possono variare tra le diverse tradizioni buddiste, ma generalmente ruotano attorno alla continuità della coscienza e alle fasi di transizione tra una vita e l'altra. Secondo gli insegnamenti tradizionali, il processo di rinascita comporta quattro fasi distinte. La prima fase è comunemente definita "morte" o "cessazione del corpo fisico". Ciò segna la fine della vita attuale e la separazione della mente dalla forma corporea. La seconda fase comporta lo stato intermedio, noto come "bardo" nel buddismo tibetano, in cui la coscienza avanza attraverso un regno non fisico. Si ritiene che le esperienze e le influenze durante questa fase abbiano un forte impatto sulle condizioni della rinascita successiva. La terza fase comprende il processo di ricerca di una nuova forma fisica o concezione. Questa fase è influenzata dalle impronte karmiche accumulate durante le esistenze precedenti, che determinano le circostanze e l'ambiente dell'imminente rinascita. La

fase finale culmina nella nascita dell'individuo in una nuova vita, in cui le conseguenze karmiche si manifestano sotto forma di predisposizioni innate, circostanze e relazioni.

È importante notare che l'interpretazione del processo di rinascita può variare tra le diverse scuole e lignaggi buddisti, ognuno dei quali offre intuizioni uniche sulla transizione da una vita all'altra. Inoltre, le contemplazioni e le interpretazioni contemporanee del processo di rinascita continuano a evolversi, incorporando prospettive di psicologia, neuroscienze e metafisica.

4. La rinascita nelle diverse tradizioni buddiste:
Dalla tradizione Theravada, che sottolinea il ruolo dell'individuo nel plasmare la propria rinascita attraverso l'accumulo di azioni sane o malsane, alla comprensione Mahayana che si concentra sul percorso del Bodhisattva e sull'aspirazione alla liberazione di tutti gli esseri, emergono diverse prospettive sulla rinascita, mentre la convinzione della continuità della vita rimane la stessa.

Nel Buddhismo Vajrayana, gli insegnamenti sullo stato del Bardo e le pratiche associate all'affrontare consapevolmente la fase intermedia tra morte e rinascita offrono una dimensione unica alla comprensione della rinascita. Inoltre, il Buddhismo Tibetano introduce il concetto di Tulku, individui che sono riconosciuti come le reincarnazioni dei maestri del passato, esemplificando così un approccio distinto alla manifestazione della rinascita all'interno del lignaggio. Inoltre, il Buddhismo della Terra Pura postula il raggiungimento della rinascita in un regno celeste attraverso la devozione al Buddha Amitabha, evidenziando la diversità di credenze riguardo al viaggio post-mortem.

Queste diverse tradizioni non solo mostrano la natura adattabile del concetto di rinascita all'interno del Buddhismo, ma sottolineano anche la ricchezza e la complessità dei vari percorsi verso la liberazione spirituale. È fondamentale riconoscere, apprezzare e rispettare le variazioni nell'interpretazione e nell'applicazione della dottrina della rinascita come componenti integrali del più ampio arazzo del pensiero e della pratica buddhisti.

5. Dimensioni etiche e morali della rinascita:
Comprendere le proprie azioni come interconnesse con un ciclo continuo di rinascita sottolinea l'importanza della condotta etica nel plasmare le esistenze future. Il principio del karma, collegato alla rinascita, enfatizza la nozione che le proprie intenzioni e azioni hanno conseguenze inevitabili, trascendendo il tempo e lo spazio attraverso più vite. Con questa comprensione, gli individui sono motivati ad agire con compassione, saggezza e consapevolezza, riconoscendo l'impatto delle proprie azioni sulla propria evoluzione spirituale.

Inoltre, la fede nella rinascita infonde un senso di responsabilità morale, favorendo una maggiore consapevolezza dell'interdipendenza tra sé e gli altri. Questa interconnessione incoraggia la coltivazione di virtù come la generosità, la gentilezza e il discernimento etico, poiché contribuiscono non solo al benessere attuale, ma anche alla progressione attraverso le future rinascite. Inoltre, la contemplazione della rinascita funge da bussola morale, guidando gli aderenti a fare scelte allineate con il benessere a lungo termine di tutti gli esseri senzienti. Spinge gli individui a impegnarsi in atti altruistici, sostenere precetti morali e impegnarsi per la trasformazione personale, riconoscendo che i loro sforzi si propagano attraverso il tessuto dell'esistenza, influenzando le condizioni delle loro future rinascite.

Il quadro etico che sostiene la rinascita genera anche un profondo senso di responsabilità, poiché gli individui si rendono conto che la loro condotta etica plasma direttamente le loro predisposizioni karmiche e le successive rinascite. Questa consapevolezza porta a un profondo esame introspettivo di motivazioni e intenzioni, spingendo i praticanti a purificare le loro menti e i loro cuori dalle contaminazioni, interrompendo così i cicli di sofferenza e illusione.

Interconnessione tra Karma e Rinascita:

Il concetto di interconnessione tra karma e rinascita riflette la relazione tra le proprie azioni, intenzioni e conseguenze successive che si estendono oltre una singola vita. Secondo gli insegnamenti buddisti, si ritiene che le azioni karmiche abbiano ripercussioni non solo nell'esistenza presente ma anche nelle vite future, creando un continuum di causa ed effetto che si estende su più vite. Questa prospettiva sottolinea la visione olistica dell'individuo all'interno del quadro dell'esistenza ciclica nota come samsara. L'interconnessione tra karma e rinascita racchiude quindi l'idea di responsabilità morale e l'impatto delle proprie scelte. Oltre al livello individuale, questa interconnessione si estende anche al regno collettivo, sottolineando l'influenza dei fattori sociali e ambientali sui modelli karmici che modellano il corso della rinascita.

1. Meccanica del Karma nel Ciclo della Rinascita:
Centrale per comprendere la meccanica del karma nel ciclo di rinascita è il concetto di azione intenzionale (karma), che è guidata dalla volontà e gioca un ruolo decisivo nel plasmare la propria esistenza futura. Secondo la dottrina buddista, ogni azione intenzionale, sia essa mentale, verbale o fisica, crea un'impronta nel flusso di coscienza, perpetuando il ciclo di nascita, morte e rinascita. È questo meccanismo causale del karma che costituisce il fondamento del processo di rinascita.

Inoltre, la meccanica del karma nel ciclo di rinascita opera all'interno del quadro dell'origine dipendente (pratityasamutpada), chiarendo la natura interconnessa dell'esistenza.

Questa dottrina illustra come vari fattori come ignoranza, brama e attaccamento diano origine ad azioni volitive, perpetuando così il ciclo di sofferenza e rinascita. Comprendere queste relazioni causali intrecciate tra azioni e i loro effetti successivi è fondamentale per comprendere le dinamiche del ciclo di rinascita.

Inoltre, le scritture buddiste abbondano di insegnamenti che esemplificano la meccanica del karma nel ciclo di rinascita attraverso numerosi aneddoti e parabole. Questi resoconti spiegano come azioni virtuose o malsane producano conseguenze corrispondenti in diverse vite, illustrando così l'impatto del karma sul processo di rinascita. Esaminando questi casi di studio tratti dagli insegnamenti del Buddha, i praticanti acquisiscono una visione approfondita del funzionamento del karma e delle sue implicazioni per il ciclo di rinascita.

Approfondendo la meccanica del karma nel ciclo di rinascita si svelano le dimensioni etiche che sostengono questo processo cosmico. Il concetto di agenzia morale, responsabilità e le ripercussioni etiche delle azioni intenzionali costituiscono parte integrante della comprensione della meccanica karmica all'interno del ciclo di rinascita. Questo quadro etico funge da principio guida per gli individui che cercano di affrontare l'esistenza aderendo a una condotta virtuosa.

2. La natura del samsara: esistenza ciclica.

Samsara, l'esistenza ciclica di vita e morte, è un concetto fondamentale nel quadro filosofico del Buddhismo. Denota il ciclo ripetitivo di nascita, vita, morte e rinascita che un individuo subisce, perpetuato dal karma. In questo schema ciclico, gli esseri sperimentano continuamente sofferenza, spesso derivante da attaccamento, ignoranza e brama di desideri mondani. L'idea di Samsara evidenzia la natura transitoria dell'esistenza umana e il ciclo perpetuo di sofferenza intrinseco ad essa. Da una prospettiva buddista, il concetto offre intuizioni sull'impermanenza della vita e l'interconnessione tra azioni e le loro conseguenze attraverso più vite.

Samsara è radicato nella comprensione che tutti gli esseri senzienti sono vincolati dal ciclo di nascita e rinascita finché non raggiungono la liberazione, o Nirvana. Questo ciclo eterno è spinto dal karma, l'accumulo di azioni intenzionali che modellano la propria esistenza futura. Secondo gli insegnamenti buddisti, la natura del Samsara è caratterizzata da un cambiamento incessante e desideri insaziabili, che portano a un ciclo infinito di sofferenza. Per liberarsi da questo ciclo, gli individui devono raggiungere l'illuminazione e trascendere le limitazioni imposte dal Samsara.

Inoltre, Samsara simboleggia la nozione di dualità e l'interconnessione di vita e morte. Incapsula la natura ciclica dell'esistenza, comprendendo il flusso continuo di nascita, invecchiamento, malattia e morte. Attraverso questa lente, gli individui comprendono la natura transitoria della vita e l'inevitabilità di sperimentare varie forme di sofferenza. Di conseguenza, il concetto di Samsara spinge i praticanti a contemplare la natura dell'esistenza e a cercare un percorso verso il risveglio spirituale, liberandosi così dal ciclo karmico.

In quanto tale, la comprensione del Samsara ha profonde implicazioni per la condotta etica e la responsabilità morale. Sottolinea l'importanza di condurre una vita virtuosa e coltivare intenzioni sane per dare forma a risultati karmici positivi. Riconoscendo la natura ciclica del Samsara, gli individui sono spinti a perseguire lo sviluppo morale, la compassione e l'altruismo come mezzi per trascendere il ciclo della sofferenza. Pertanto, il Samsara funge da toccante promemoria della natura impermanente e interconnessa di tutte le cose, ispirando un profondo cambiamento nella coscienza e nel comportamento per affrontare il viaggio verso la liberazione spirituale.

Capitolo XII
I 12 ANELLI DELL'ORIGINE DIPENDENTE

I Nidanas, noti anche come i Dodici Nidanas o i Dodici Anelli dell'Origine Dipendente, sono considerati un concetto fondamentale per comprendere il ciclo dell'esistenza e la natura della sofferenza. La parola sanscrita "Nidana" si traduce in "causa" o "fonte", contrassegnando questi dodici fattori come le cause e le condizioni interconnesse che portano all'insorgere della sofferenza e dell'esistenza samsarica.

Originari del Canone Pali, i Dodici Nidana costituiscono il quadro fondamentale per comprendere il processo dell'esistenza samsarica e le cause sottostanti della sofferenza. Questa dottrina fondamentale è stata meticolosamente elaborata dal Buddha in vari discorsi, in particolare nel contesto dei suoi insegnamenti sulle Quattro Nobili Verità e la cessazione della sofferenza.

Oltre al suo significato testuale, lo sfondo storico dei Dodici Nidana è intrecciato con l'ambiente intellettuale e spirituale dell'antica India. Durante il periodo del Buddha, le credenze filosofiche e religiose prevalenti erano incentrate sui concetti di karma, rinascita e ricerca della liberazione dal ciclo di nascita e morte ripetute. L'articolazione dei Nidana da parte del Buddha ha fornito una visione del funzionamento della mente, del determinismo causale e della rete di fenomeni interconnessi.

Inoltre, lo sviluppo storico dei Dodici Nidana dimostra la loro assimilazione in diverse tradizioni e scuole buddiste nel corso dei secoli. Mentre il Buddhismo si diffondeva in diverse regioni dell'Asia, varianti e interpretazioni dei Nidana emersero all'interno delle tradizioni Mahayana, Theravada e Vajrayana, ciascuna delle quali contribuì con prospettive e intuizioni uniche sulla natura dell'origine dipendente.

1. Ignoranza: la causa principale.

L'ignoranza, nota in Pali come 'avijjā', rappresenta il collegamento iniziale nella catena della causalità. È fondamentale comprendere che l'ignoranza non implica semplicemente una mancanza di conoscenza o informazione, ma piuttosto un fraintendimento fondamentale della natura dell'esistenza. Questa ignoranza comprende una profonda percezione errata della vera essenza della realtà, principalmente per quanto riguarda l'impermanenza, la sofferenza e la mancanza di un sé intrinseco in tutti i fenomeni.

Nel contesto dei Nidana, l'ignoranza getta le basi per i successivi anelli della catena, creando un terreno fertile per la manifestazione dell'esistenza ciclica caratterizzata dalla sofferenza. Annebbia la mente e distorce la percezione, portando gli esseri senzienti ad afferrare esperienze transitorie come entità stabili e soddisfacenti. In quanto tale, man mano che l'ignoranza persiste, innesca una sequenza di formazioni e attività mentali guidate da falsi presupposti e percezioni errate.

Centrale per comprendere il ruolo dell'ignoranza come causa principale all'interno dei Nidana, è fondamentale riconoscere la sua profonda interconnessione con il concetto di origine dipendente. All'interno del quadro dell'origine dipendente, l'ignoranza agisce come condizione primaria da cui emergono attività volitive, generando successivamente coscienza e influenzando lo sviluppo degli altri fattori interconnessi all'interno del ciclo di nascita e morte. Questa relazione sottolinea il profondo impatto dell'ignoranza come principale catalizzatore per la perpetuazione del samsara, o ciclo di rinascita e sofferenza.

Inoltre, comprendere l'ignoranza come causa principale richiede un esame critico della psicologia umana e della natura dell'esistenza condizionata. Ciò spinge a esplorare le sottili sfumature della mente umana, illuminando quanto profondamente radicati concetti sbagliati e illusioni plasmino le nostre percezioni e azioni, gettando le basi per l'effetto a catena che permea tutte le nostre esperienze vissute.

Mentre ci addentriamo nelle profondità dell'ignoranza, diventa evidente che svelare la sua influenza pervasiva richiede un cambiamento trasformativo nella coscienza, un riorientamento fondamentale delle nostre facoltà cognitive verso una lucida comprensione della realtà non oscurata dall'illusione. Questa trasformazione è al centro degli insegnamenti del Buddha, che invita gli individui a coltivare saggezza e intuizione come antidoti all'ignoranza, liberandosi così dagli intrecci dell'esistenza samsarica e realizzando l'estensione della liberazione.

2. Formazione di attività volitive:
Nella rete di causalità all'interno della dottrina buddista dell'origine dipendente, la fase successiva all'ignoranza e precedente alla coscienza è la formazione di attività volitive. Questa fase fondamentale chiarisce il modo in cui le azioni intenzionali diventano i semi per il futuro sviluppo karmico e di conseguenza perpetuano il ciclo del samsara. La formazione di attività volitive, nota come "sankhara" in Pali, incarna la forza generativa dietro il karma, gettando così le basi per un'esistenza continua. In questa fase, l'individuo si impegna in attività mentali e fisiche guidate da tendenze e inclinazioni sottostanti, influenzando inevitabilmente le sue esperienze presenti e future. Queste attività volitive sono profondamente radicate nelle impronte persistenti di azioni ed esperienze passate, plasmando la traiettoria della propria vita attraverso l'incessante interazione di causa ed effetto.

Il concetto di sankhara comprende anche i fattori condizionanti che plasmano il carattere, gli atteggiamenti e le risposte di un individuo al mondo che lo circonda. Inoltre, comprende intenzioni, azioni e pensieri sia sani che non sani, contribuendo di conseguenza all'accumulo di potenziali karmici che modellano le rinascite successive. Il Buddha ha sottolineato l'importanza di comprendere la natura delle attività volitive come mezzo per comprendere il funzionamento del karma e in ultima analisi trascendere il ciclo della sofferenza. Riconoscendo il potere trasformativo insito in queste formazioni, agli individui viene concesso il potere di affrontare il corso della loro evoluzione karmica e promuovere costrutti mentali positivi che si allineano con il percorso verso la liberazione.

Inoltre, la formazione di attività volitive sottolinea il ruolo imperativo della consapevolezza e dell'autoconsapevolezza nel mitigare la potenziale propagazione di tendenze malsane e nel favorire la coltivazione di disposizioni virtuose. Sviluppando una maggiore consapevolezza delle proprie intenzioni e azioni, i praticanti possono reindirizzare attivamente il corso della loro traiettoria karmica verso la cessazione della sofferenza. Questo processo richiede un esame dei modelli condizionati che si manifestano nella vita di tutti i giorni e uno sforzo diligente per trascendere la reattività abituale attraverso mezzi abili. Di conseguenza, il riconoscimento dell'influenza formativa delle attività volitive genera un maggiore senso di responsabilità e consapevolezza nel perseguimento di una condotta etica, promuovendo il risveglio della compassione e della saggezza in allineamento con il nobile ottuplice sentiero.

3. Coscienza e continuità mentale:
La coscienza, nel contesto dei dodici Nidana, svolge un ruolo cruciale nel collegare esperienze passate, presenti e future, fornendo il filo di continuità che sostiene il ciclo di nascita e morte. È attraverso la coscienza che l'esistenza individuale persiste attraverso le vite, portando con sé l'impronta delle

azioni karmiche passate e spingendo gli esseri verso i loro destini futuri.

Nella filosofia buddista, la coscienza (vijnana) è intesa come la consapevolezza o facoltà cognitiva che apprende dati sensoriali e oggetti mentali. Tuttavia, è essenziale riconoscere che la coscienza in questo contesto non rappresenta un'entità immutabile, ma piuttosto un fenomeno dinamico e interdipendente che sorge in dipendenza da varie condizioni. Questa natura dinamica della coscienza costituisce la base per il concetto di continuità mentale, dove il flusso di coscienza si perpetua da una vita all'altra, guidato dalla forza del karma e spinto dai desideri e dagli attaccamenti accumulati in innumerevoli esistenze.

Comprendere la natura della coscienza e il suo ruolo nel sostenere la continuità mentale è parte integrante della comprensione degli insegnamenti fondamentali del karma e della rinascita nel Buddhismo. Sfida gli individui a contemplare la fluidità e l'impermanenza della coscienza, favorendo così una comprensione più profonda della natura transitoria dell'esistenza. Di conseguenza, questa consapevolezza funge da catalizzatore per liberarsi dal ciclo del samsara, il modello ripetuto di nascita, sofferenza e morte. Riconoscendo la natura in continua evoluzione della coscienza e il potenziale di liberazione dalla sua influenza vincolante, gli individui possono intraprendere un percorso trasformativo verso l'illuminazione e la libertà ultima.

Inoltre, le profonde intuizioni derivate dalla contemplazione della coscienza e della continuità mentale si estendono oltre la liberazione personale. Forniscono un quadro per coltivare compassione ed empatia verso tutti gli esseri senzienti, riconoscendo il loro viaggio condiviso attraverso il samsara e promuovendo un senso di interconnessione con la più ampia rete dell'esistenza. Questo riconoscimento costituisce la base per una condotta etica, un comportamento altruistico e la coltivazione di qualità sane che contribuiscono al benessere e alla felicità di tutti gli esseri. In sostanza, approfondire la relazione tra coscienza e continuità mentale svela profonde implicazioni per la crescita spirituale individuale e il fondamento etico di una società armoniosa.

4. Nome-e-forma: i componenti duali.
Nella filosofia buddista, il concetto di Nome-e-Forma (Nāmarūpa) rappresenta una fase fondamentale nella catena di causalità, catturando le componenti duali che costituiscono l'esistenza di un individuo. Nāmarūpa è considerato il ponte tra la coscienza e il mondo fisico, incarnando gli aspetti mentali e materiali degli esseri senzienti.

L'aspetto "Nome" si riferisce ai costrutti mentali, tra cui pensieri, sentimenti, percezioni e volizioni che definiscono le esperienze cognitive ed emotive di un individuo. Riguarda i processi cognitivi attraverso i quali interpretiamo e sperimentiamo il mondo che ci circonda, comprendendo l'intero spettro di attività mentali che danno forma alle nostre realtà soggettive.

D'altro canto, "Forma" denota la manifestazione fisica o l'aspetto corporeo dell'esistenza senziente. Ciò comprende il corpo, le sue facoltà sensoriali e l'ambiente fisico a cui sono esposti gli organi sensoriali. In sostanza, la forma rappresenta il substrato materiale che interagisce con il mondo esterno e dà origine alle esperienze sensoriali.

L'interazione tra Nome e Forma è profondamente intrecciata, poiché si influenzano e si condizionano reciprocamente. Ad esempio, il costrutto mentale della paura (Nome) può manifestarsi nel corpo fisico attraverso risposte fisiologiche come aumento della frequenza cardiaca e maggiore prontezza (Forma). Al contrario, le sensazioni corporee, come dolore o piacere, possono innescare stati mentali e risposte emotive corrispondenti.

Inoltre, il Buddha ha spiegato che l'unione di Nome-e-Forma è essenziale per l'insorgere della coscienza. Questa triade forma una comprensione fondamentale per afferrare la natura dell'esperienza umana e i meccanismi alla base della perpetuazione della sofferenza. Comprendere l'interdipendenza tra queste componenti duali è fondamentale per svelare la natura dell'esistenza e infine trascenderla.

Contemplare Nome-e-Forma ha profonde implicazioni per i praticanti sul cammino verso l'illuminazione. Discernendo la natura transitoria e condizionata dei fenomeni sia mentali che fisici, gli individui possono sviluppare una comprensione della natura impermanente e interdipendente di tutte le cose. Riconoscere la natura illusoria di queste componenti può portare alla liberazione dall'attaccamento e dall'avversione, facilitando il viaggio verso la liberazione definitiva dalla sofferenza.

5. Sei basi sensoriali e percezione:
Le sei basi sensoriali, o 'Salāyatana' in Pali, sono classificate come occhio, orecchio, naso, lingua, corpo e mente. Secondo gli insegnamenti buddisti, ogni base sensoriale funge da mezzo attraverso cui vengono sperimentati diversi tipi di sensazioni, consentendo agli individui di percepire il mondo che li circonda. L'interazione di queste basi sensoriali è parte integrante del processo di percezione. La mente, considerata la sesta base sensoriale, svolge un ruolo centrale nell'interpretazione e nell'elaborazione delle informazioni sensoriali, influenzando così le esperienze e le risposte individuali.

Nel Buddhismo, l'identificazione e la comprensione di queste basi sensoriali costituiscono il fondamento per indagare la natura della coscienza e dell'esperienza umana. La percezione, così come percepita attraverso la lente delle sei basi sensoriali, è riconosciuta come un processo dinamico e multiforme profondamente interconnesso con la comprensione della sofferenza e il percorso verso la liberazione.

6. Contatto e sensazione:

La fase di "Contatto e Sensazione" nella catena di causalità, come esposto negli insegnamenti del Buddha, chiarisce il processo attraverso cui la percezione sensoriale porta all'insorgere di sentimenti ed emozioni, plasmando in ultima analisi le nostre risposte al mondo che ci circonda. Contatto, in questo contesto, si riferisce all'unione degli organi di senso, degli oggetti di senso e della coscienza, che determina la genesi di un'esperienza sensoriale immediata. Questa interazione è profondamente intrecciata con la sensazione successiva, che comprende il tono edonico, piacevole, spiacevole o neutro, che accompagna l'incontro percettivo. Comprendere contatto e sensazione non solo fornisce una visione della complessa interazione tra i nostri sensi e l'ambiente esterno, ma offre anche profonde implicazioni per la coltivazione della consapevolezza e la ricerca del risveglio spirituale.

Nell'ambito della filosofia buddista, la nozione di contatto e sensazione è strettamente legata al concetto più ampio di origine dipendente, che segnala l'interconnessione di tutti i fenomeni. Sottolinea la natura transitoria e impermanente delle esperienze, evidenziando la qualità fugace ed effimera degli incontri sensoriali. Riconoscere l'impatto del contatto e della sensazione sulla propria psiche costituisce la base per sviluppare una consapevolezza della natura condizionata dell'esistenza umana e del potenziale per trascendere il ciclo della sofferenza.

Inoltre, addentrarsi nel regno del contatto e della sensazione richiede un'esplorazione del ruolo della consapevolezza e dell'introspezione nella gestione della propria reattività agli stimoli sensoriali. Coltivando una maggiore consapevolezza del sorgere e dello svanire delle sensazioni, gli individui possono sviluppare una maggiore resilienza ed equanimità di fronte alle vicissitudini della vita. La sapiente navigazione dei contatti e delle sensazioni getta le basi per il graduale affinamento del proprio panorama emotivo e mentale, favorendo una relazione armoniosa con il mondo esterno e catalizzando al contempo la trasformazione interiore.

Inoltre, la contemplazione del contatto e della sensazione invita gli individui a esaminare i modelli profondamente radicati di desiderio e avversione che spesso sorgono in risposta a stimoli piacevoli e dolorosi, rispettivamente. Sottolinea l'imperativo di affrontare le tendenze sottostanti di attaccamento e avversione, aprendo così la strada all'attenuazione della sofferenza e alla realizzazione di una profonda liberazione. In sostanza, il discernimento del contatto e della sensazione racchiude un invito a impegnarsi nell'esperienza umana, offrendo un percorso trasformativo verso una comprensione autentica e una crescita spirituale.

7. Desiderio, attaccamento e divenire:
Desiderio, attaccamento e divenire sono aspetti interconnessi all'interno della catena di causalità o origine dipendente. Il desiderio, o tanha in Pali, rappresenta un desiderio o un desiderio insaziabile di piaceri sensoriali, beni materiali o stati dell'essere. È la sete implacabile che spinge gli individui in una ricerca senza fine di gratificazione, spesso portando a insoddisfazione e sofferenza. L'attaccamento, noto come upadana, si riferisce all'attaccamento e all'identificazione con fenomeni transitori, inclusi pensieri, sentimenti e oggetti. Questo attaccamento rafforza l'illusione del sé e perpetua il ciclo di desiderio e avversione, contribuendo alla perpetuazione del samsara, il ciclo di nascita e morte. Il divenire, o bhava, denota il processo mediante il quale i desideri e gli attaccamenti di una persona modellano la sua esistenza futura. Comprende la costruzione mentale della propria identità e le

inclinazioni che portano all'esperienza della rinascita o della reincarnazione. In quanto tale, il divenire influenza il corso della vita e determina le condizioni dell'esistenza successiva.

La comprensione di questi concetti interconnessi illumina il funzionamento della mente umana e la natura della sofferenza. Gli insegnamenti del Buddha affermano che la cessazione del desiderio, dell'attaccamento e del divenire è parte integrante del raggiungimento della liberazione dal ciclo della sofferenza. Riconoscendo la natura transitoria e insoddisfacente dei fenomeni mondani, gli individui possono coltivare distacco, saggezza e condotta etica per trascendere la schiavitù del desiderio e dell'avversione. La rinuncia all'attaccamento e la cessazione del divenire consentono ai praticanti di raggiungere il Nibbana, noto anche come Nirvana, lo stato di completa liberazione e cessazione della sofferenza.

8. Nascita e inizio della vita:
Il concetto di Jāti, o nascita, non è visto semplicemente come un evento biologico, ma come un momento cruciale che segna la manifestazione dell'esistenza individuale all'interno del ciclo del samsara. Secondo gli insegnamenti del Buddha, il processo della nascita è intricatamente collegato ai precedenti anelli nella catena dell'origine dipendente, sottolineando così l'interdipendenza e la continuità della vita.

Nel contesto dei Dodici Nidana, la nascita sorge come risultato del culmine di varie condizioni e fattori. È profondamente influenzata dal karma, le azioni volitive accumulate nel corso delle vite, che portano alla nascita di un nuovo essere in un particolare regno dell'esistenza. La nascita non è percepita come un evento a sé stante, ma come il culmine dell'intricata rete di cause ed effetti, formazioni mentali e impronte karmiche accumulate nelle vite precedenti.

Inoltre, il concetto di nascita comprende non solo la nascita fisica, ma anche la nascita di stati mentali, desideri e attaccamenti. Significa l'inizio di un nuovo ciclo di esperienze, guidato dalla continuazione del desiderio e dell'attaccamento delle esistenze precedenti. Questo ciclo continuo di nascita e rinascita perpetua il ciclo della sofferenza e fornisce opportunità di crescita spirituale e liberazione.

La comprensione di Jāti funge da pilastro fondamentale per comprendere la natura dell'esistenza umana e l'interconnessione di tutti gli esseri senzienti. Induce alla contemplazione della natura transitoria della vita e dell'impermanenza di tutti i fenomeni, motivando gli individui a impegnarsi per la cessazione della sofferenza attraverso la trascendenza del ciclo di nascita e rinascita.

9. Invecchiamento e morte: la fine inevitabile.
Nella filosofia buddista, l'invecchiamento e la morte, noti come Jarāmaraṇa, sono considerati gli aspetti inevitabili e intrinseci dell'esistenza umana. L'invecchiamento, o Jarā, rappresenta il processo naturale di invecchiamento e di graduale declino delle facoltà fisiche e mentali. È un fenomeno universale che trascende i confini culturali e temporali, plasmando l'esperienza umana attraverso le generazioni. Nel contesto buddista, l'invecchiamento non è visto come un evento solitario, ma come parte integrante della rete interconnessa dell'esistenza, intricatamente legata ai precedenti nidana.

Allo stesso modo, la Morte, o Maraṇa, simboleggia la cessazione della vita e la conclusione della forma corporea. A differenza dell'invecchiamento, la morte è spesso percepita come un evento spaventoso e sgradito, che evoca contemplazione esistenziale e confronta gli individui con l'impermanenza della vita. Tuttavia, gli insegnamenti buddisti illuminano la morte come una fase indispensabile nella natura ciclica dell'esistenza, intrecciata con i precedenti legami di origine dipendente.

L'interconnessione tra Invecchiamento e Morte e i nidana precedenti è profondamente radicata nel principio di causalità, esemplificando il ciclo incessante di nascita, invecchiamento, morte e successiva rinascita. Comprendere le relazioni sfumate tra queste sfaccettature esistenziali offre intuizioni profonde sulla natura della sofferenza e sui mezzi per trascenderla.

Inoltre, questo capitolo svela la quintessenza dell'Invecchiamento e della Morte nel promuovere la contemplazione sui principi fondamentali dell'impermanenza e del non-sé (Anatta). Esplorando la verità immutabile dell'impermanenza, gli individui acquisiscono una maggiore consapevolezza della natura transitoria di tutti i fenomeni, coltivando saggezza e liberazione dall'attaccamento.

D'altro canto, il concetto di Invecchiamento e Morte chiarisce la futilità di cercare la permanenza e la soddisfazione ultima nel mondo transitorio, incoraggiando così gli individui a intraprendere un percorso di risveglio spirituale e trasformazione interiore. Questa profonda intuizione funge da catalizzatore per abbracciare la vita con discernimento e compassione, liberandosi dai fardelli degli attaccamenti mondani.

La contemplazione dell'invecchiamento e della morte infonde anche un profondo senso di urgenza nella ricerca della crescita spirituale e nella realizzazione dell'illuminazione. Abbracciare l'inevitabilità dell'invecchiamento e della morte spinge gli individui verso una vita consapevole, costringendoli ad apprezzare ogni momento e a coltivare azioni virtuose che spianano la strada verso la liberazione.

10. Spezzare la catena: percorsi verso la liberazione.

I Dodici Nidana, o la catena di causalità, illustrano la natura progressiva e interconnessa dell'esistenza e della sofferenza. Nelle fasi precedenti dei Nidana, abbiamo osservato come il desiderio e l'attaccamento conducano al divenire, che perpetua il ciclo di nascita, invecchiamento e morte. Tuttavia, il Buddha ha delineato vari percorsi per rompere questo ciclo e ottenere la liberazione.

Uno dei percorsi chiave per la liberazione implica la comprensione e la coltivazione di una condotta etica, nota come sila. Praticando precetti morali e astenendosi da azioni dannose, gli individui possono purificare le loro menti e creare condizioni favorevoli al progresso spirituale. Sila funge da fondamento per lo sviluppo mentale e apre la strada a intuizioni meditative più profonde.

Un altro percorso cruciale è la coltivazione della saggezza, o panna. Ciò implica lo sviluppo di una comprensione della natura della realtà, dell'impermanenza e del non-sé. Attraverso l'indagine introspettiva e la contemplazione, gli individui possono acquisire intuizioni sulla vera natura dell'esistenza e svelare le illusioni che li legano alla sofferenza.

Inoltre, la pratica della concentrazione, o samadhi, svolge un ruolo fondamentale nello spezzare il ciclo dell'origine dipendente. Allenando la mente a raggiungere stati profondi di concentrazione attraverso la meditazione, gli individui possono gradualmente trascendere i limiti delle esperienze sensoriali e dirigere la propria consapevolezza verso stati di coscienza superiori. Questa consapevolezza accresciuta consente ai praticanti di penetrare le cause sottostanti della sofferenza e di sperimentare profonda pace ed equanimità.

D'altra parte, l'Ottuplice Sentiero, spesso descritto come la Via di Mezzo, offre un quadro completo per spezzare la catena di causalità e raggiungere la liberazione. Questo percorso comprende condotta etica, disciplina mentale e saggezza, fornendo un approccio olistico per trasformare la propria vita e coltivare qualità interiori che conducono all'illuminazione.

È essenziale riconoscere che spezzare la catena dell'origine dipendente e raggiungere la liberazione è un processo graduale e trasformativo che richiede dedizione, perseveranza e pratica sincera. Ogni individuo deve intraprendere il proprio viaggio, integrando questi percorsi nelle proprie vite e purificando progressivamente i propri cuori e le proprie menti. Seguendo diligentemente gli insegnamenti del Buddha e incarnando lo spirito di compassione, saggezza e consapevolezza, si può infine trascendere il ciclo della sofferenza e sperimentare la realizzazione liberatrice del Nirvana.

Capitolo XIII
NIRVANA

Il Nirvana è l'epitome del conseguimento spirituale all'interno del variegato arazzo del pensiero buddista, permeando varie tradizioni e scuole con il suo profondo significato. Il concetto di Nirvana, radicato in antichi testi sanscriti e pali, racchiude l'obiettivo finale di trascendere la sofferenza e raggiungere la liberazione dal ciclo di nascita, morte e rinascita, noto come samsara. Nel suo nucleo, il Nirvana incarna la cessazione della sofferenza e la realizzazione della vera pace, che culmina nell'estinzione dei desideri mondani e nell'abbandono di ogni attaccamento.

La natura multiforme del Nirvana ha scatenato un'intensa ricerca filosofica e una contemplazione spirituale nel corso della storia, portando a un'evoluzione sfumata del concetto attraverso diversi periodi e regioni. Questa evoluzione comprende un ricco arazzo di interpretazioni e manifestazioni, che riflettono l'interazione dinamica tra fattori culturali, sociali e filosofici. Dalle sue origini nei primi insegnamenti di Siddhartha Gautama al suo adattamento all'interno delle tradizioni Mahayana e Vajrayana, il Nirvana ha attraversato una traiettoria complessa segnata da continue reinterpretazioni e adattamenti.

Incorporato nei principi filosofici fondamentali del Buddhismo, il Nirvana simboleggia l'apice dell'illuminazione spirituale e la trascendenza delle preoccupazioni mondane. Il suo quadro concettuale si estende oltre la mera assenza o negazione, presentando una visione affermativa di realizzazione spirituale e liberazione esistenziale. Attraverso la lente della filosofia buddista, il Nirvana rappresenta il culmine del Nobile Ottuplice Sentiero, guidando gli individui verso una condotta etica, disciplina mentale e intuizione contemplativa, smantellando così le radici della sofferenza e dell'illusione.

Inoltre, il concetto di Nirvana interseca diversi aspetti dell'esperienza umana, abbracciando i regni della psicologia, dell'etica e della metafisica. Le sue implicazioni si estendono oltre i confini dottrinali, permeando le esperienze vissute dai praticanti e impregnando la loro vita quotidiana di significato e scopo.

Nel corso dei secoli, mentre il Buddhismo si diffondeva in diverse regioni e culture, il concetto di Nirvana subì significative trasformazioni e interpretazioni. Diverse scuole e tradizioni buddiste offrirono prospettive sfumate sul Nirvana, arricchendone la profondità filosofica e le implicazioni pratiche. L'evoluzione storica del concetto riflette l'interazione dinamica tra indagine filosofica, esplorazione meditativa e influenze socioculturali. Dalle prime scritture canoniche ai profondi trattati di eminenti studiosi buddisti, l'evoluzione del Nirvana come concetto è parallela al panorama in evoluzione del pensiero buddhista e al suo impegno con il più ampio ambiente intellettuale e spirituale.

Al centro del Nirvana si trova il concetto di "cessazione" o "estinzione", che simboleggia la fine della sofferenza, del desiderio e del ciclo di nascita e rinascita. Questo principio fondamentale è intimamente legato alle Quattro Nobili Verità, che costituiscono la pietra angolare della filosofia buddista. La realizzazione del Nirvana è vista come l'obiettivo finale della vita umana, che segna il culmine dell'evoluzione spirituale.

Centrale per la comprensione del Nirvana è la nozione di impermanenza (anicca), che dà origine alla sofferenza (dukkha), e il Nirvana è percepito come lo stato oltre la sofferenza, caratterizzato da serenità, libertà e trascendenza. In questo contesto, l'altruismo di tutte le cose (anatta) diventa una componente critica dei fondamenti filosofici del Nirvana, sottolineando l'assenza di un sé permanente e indipendente. La profonda interazione di questi tre principi fornisce un quadro completo per comprendere l'essenza del Nirvana.

Inoltre, i fondamenti filosofici del Nirvana comprendono le dimensioni etiche della condotta umana e la coltivazione della saggezza. L'Ottuplice Sentiero, che delinea il percorso verso la liberazione, sottolinea il significato della disciplina morale, della coltivazione mentale e dell'intuizione. Questo approccio olistico è parte integrante del raggiungimento del Nirvana, sottolineando non solo il risveglio individuale ma anche l'integrazione armoniosa del sé con la rete interconnessa dell'esistenza. I fondamenti filosofici del Nirvana riflettono quindi un'armoniosa miscela di elementi metafisici, etici e contemplativi, offrendo profonde implicazioni per la trasformazione personale e il benessere sociale.

Inoltre, il concetto di Nirvana funge da catalizzatore per l'introspezione, invitando gli individui a confrontarsi con la natura transitoria delle attività mondane e a trascendere i limiti dell'esistenza condizionata. Approfondendo i principi filosofici fondamentali dell'impermanenza, della sofferenza e del non-sé, gli individui ottengono l'accesso a un paradigma trasformativo che sfida le nozioni convenzionali di realtà e apre la porta a un profondo risveglio interiore. In definitiva, i fondamenti filosofici fondamentali del Nirvana non solo chiariscono la natura della liberazione definitiva, ma servono anche come luce guida per navigare nelle complessità dell'esperienza umana e perseguire una vita di autentico appagamento e significato.

D'altro canto, il Nirvana sfida gli individui a confrontarsi con i modelli di pensiero ed emozione profondamente radicati che contribuiscono alla sofferenza e al malcontento. Al centro del suo concetto c'è l'esplorazione della sofferenza umana e dell'intricata rete di desideri, avversioni e attaccamenti che spingono gli individui verso la non realizzazione. Il Nirvana richiede un profondo viaggio introspettivo nei recessi della propria psiche, spingendo gli individui a dissotterrare e confrontarsi con le cause profonde del loro disagio psicologico. Attraverso questo processo, i praticanti sviluppano una maggiore consapevolezza dei loro stati mentali ed emotivi, svelando gli strati di condizionamento e le tendenze abituali che perpetuano la sofferenza.

La trasformazione interiore, una componente fondamentale del percorso verso il Nirvana, comporta un radicale cambiamento di prospettiva e un riorientamento del sé. Questo processo trasformativo richiede un impegno incrollabile all'autoesplorazione, all'autoconsapevolezza e alla coltivazione della consapevolezza. L'individuo intraprende un viaggio di autoscoperta, sbucciando strati di illusione e fraintendimento per rivelare la purezza innata e la luminosità del sé autentico.

D'altra parte, le dimensioni psicologiche del Nirvana si estendono ai regni della regolazione emotiva e della resilienza. I praticanti sono sfidati a trascendere le oscillazioni di piacere e dolore, gioia e tristezza, coltivando equanimità ed equilibrio emozionali. Ciò richiede una profonda comprensione della natura impermanente delle emozioni e del ruolo essenziale dell'accettazione e del non attaccamento nel promuovere il benessere emotivo.

Inoltre, il concetto di Nirvana enfatizza l'integrazione di compassione ed empatia nel proprio panorama psicologico. Lo sviluppo di una compassione genuina verso se stessi e gli altri funge da catalizzatore per la trasformazione interiore, favorendo un senso di interconnessione e altruismo che trascende gli stretti confini della coscienza guidata dall'ego. Quando gli individui si allineano a queste qualità, sperimentano un profondo cambiamento nella loro disposizione psicologica, alimentando un profondo senso di appagamento e contentezza.

Realizzare il Nirvana, l'obiettivo ultimo della pratica buddista, implica una profonda trasformazione della mente e dell'essere dell'individuo. La ricerca del Nirvana richiede un approccio dedicato e disciplinato, che incorpori sia pratiche meditative che una vita etica. In sostanza, la realizzazione del Nirvana è uno sforzo multiforme che comprende vari aspetti della vita di un individuo.

Uno degli approcci pratici fondamentali per realizzare il Nirvana riguarda la coltivazione della consapevolezza attraverso la meditazione. Sviluppando una maggiore consapevolezza dei propri pensieri, emozioni e sensazioni, gli individui possono iniziare a svelare i modelli radicati di desiderio, avversione e ignoranza che perpetuano la sofferenza. Questo processo consente la graduale dissoluzione delle risposte condizionate e l'emergere di chiarezza ed equanimità.

La condotta etica svolge un ruolo fondamentale nel viaggio verso il Nirvana. I praticanti sono incoraggiati ad abbracciare i precetti della condotta morale, che comprendono l'astenersi dal danneggiare gli esseri viventi, l'astenersi dalla disonestà, la pratica della responsabilità sessuale, la dimostrazione di consapevolezza nel parlare ed evitare sostanze inebrianti. Queste linee guida forniscono un quadro per condurre una vita eticamente armoniosa e compassionevole, essenziale per diminuire le propensioni karmiche e coltivare stati mentali positivi.

Un altro aspetto integrale della realizzazione pratica ruota attorno allo sviluppo della saggezza e della comprensione. Ciò implica l'indagine sistematica sulla natura della realtà, la natura impermanente e interconnessa dell'esistenza e la vacuità intrinseca dei fenomeni. Man mano che i praticanti acquisiscono intuizione sulla natura transitoria e inconsistente di tutte le cose, il loro attaccamento e la loro presa diminuiscono, aprendo la strada alla libertà interiore.

Inoltre, coltivare qualità come amorevolezza, compassione, gioia empatica ed equanimità costituisce parte integrante dell'approccio pratico. Coltivare questi stati sublimi consente agli individui di trascendere le prospettive egocentriche, coltivare atteggiamenti altruistici e sviluppare connessioni più profonde con gli altri e il mondo in generale. La convergenza di coltivazione meditativa, vita etica, saggezza e coltivazione di qualità sane fornisce una tabella di marcia completa per gli aspiranti che cercano di realizzare il Nirvana. È fondamentale comprendere che il viaggio verso il Nirvana è arduo e intricato, e richiede impegno incrollabile, perseveranza e pazienza. Tuttavia, incorporando diligentemente questi approcci pratici nella vita quotidiana, gli individui possono facilitare la loro progressione verso la cessazione della sofferenza e il raggiungimento di una profonda pace e liberazione.

Capitolo XIV
LA DIFFUSIONE PRECOCE DEL BUDDISMO

La diffusione precoce del Buddhismo in Asia era legata al panorama geopolitico e socioculturale dell'epoca. Durante il V secolo a.C., il subcontinente indiano, dove ebbe origine il Buddhismo, fu caratterizzato da significativi sconvolgimenti politici e flussi sociali. Dopo il regno del potente impero Magadha, ci fu una frammentazione dell'autorità politica, con vari regni più piccoli che gareggiavano per il predominio. Questa mancanza di controllo centralizzato consentì la trasmissione degli insegnamenti buddisti poiché forniva un ambiente relativamente aperto per il movimento di idee e filosofie religiose.

Inoltre, i progressi nel commercio e nei trasporti, come lo sviluppo della Via della Seta, hanno facilitato la diffusione dei principi buddisti oltre il subcontinente indiano. La rete interconnessa di rotte commerciali non solo ha consentito il viaggio fisico di missionari e mercanti buddisti, ma ha anche favorito lo scambio culturale, portando all'integrazione dei concetti buddisti con i sistemi di credenze locali.

Socioculturalmente, il periodo vide una crescente insoddisfazione per i rituali vedici tradizionali e il predominio brahmanico, spingendo alla ricerca di percorsi spirituali alternativi. Il Buddhismo, con la sua enfasi sulla liberazione personale e il rifiuto delle distinzioni di casta, trovò risonanza in molti individui disillusi dall'ordine sociale esistente. L'ethos egalitario del Buddhismo, che sosteneva la salvezza attraverso lo sforzo individuale piuttosto che attraverso il sacerdozio rituale, attraeva coloro che cercavano una pratica spirituale più inclusiva e accessibile.

Inoltre, lo zelo missionario di personaggi influenti come l'imperatore Ashoka della dinastia Maurya ha svolto un ruolo fondamentale nella propagazione del Buddhismo in vasti territori, consolidandone ulteriormente l'influenza diffusa. Man mano che gli insegnamenti del Buddha attraversavano i confini culturali, si adattavano ai diversi costumi e alle lingue di ogni regione, con conseguente nascita di diverse tradizioni buddiste che soddisfacevano le esigenze e le sensibilità specifiche di popolazioni distinte.

Divisione ed evoluzione:

L'emergere delle tradizioni Mahayana e Theravada segnò uno scisma significativo nello sviluppo del Buddhismo, portando a distinte differenze filosofiche, dottrinali e pratiche che continuano a informare le diverse espressioni della pratica buddista odierna. Questa divisione può essere fatta risalire ai primi anni successivi al parinirvana del Buddha storico, Siddhartha Gautama. Con la diffusione geografica e culturale delle comunità buddiste, iniziarono a emergere varie interpretazioni degli insegnamenti del Buddha, portando alla divergenza tra le due principali tradizioni. La divisione è radicata nelle diverse interpretazioni della natura dell'illuminazione, del ruolo dell'ideale del bodhisattva e dell'approccio al percorso della liberazione.

La tradizione Mahayana, spesso definita "Grande Veicolo", sottolinea il potenziale universale per l'illuminazione e l'aspirazione a raggiungere la Buddhità per il beneficio di tutti gli esseri senzienti. Questa visione inclusiva ed espansiva dell'illuminazione ha dato origine a una vasta gamma di insegnamenti e pratiche, tra cui la venerazione dei bodhisattva celesti come Avalokiteshvara e Manjushri, il concetto di vacuità (shunyata) e la nozione di mezzi abili (upaya). Al contrario, la tradizione Theravada, nota anche come "Insegnamento degli Anziani", preserva ciò che si ritiene essere l'insegnamento più autentico e originale del Buddha storico come riportato nel Canone Pali. Sottolineando la ricerca individuale della liberazione attraverso la pratica diligente della consapevolezza, della condotta etica e della meditazione, i seguaci Theravada sostengono la disciplina monastica come mezzo primario per raggiungere il nirvana. Questo approccio conservativo pone maggiore enfasi sulla liberazione personale, con l'obiettivo finale di realizzare lo stato di arhat piuttosto che quello di Buddha.

Distribuzione geografica:

1. Theravada nel sud-est asiatico
La distribuzione geografica del Buddhismo Theravada nel Sud-est asiatico riflette il ricco arazzo storico e culturale della regione. Essendo una delle forme più antiche di Buddhismo, Theravada ha svolto un ruolo fondamentale nel plasmare le identità e le società di paesi come Myanmar, Thailandia, Cambogia, Laos e Sri Lanka. Ognuna di queste nazioni ha abbracciato Theravada come pietra angolare della propria vita spirituale e comunitaria, portando a un profondo intreccio della religione con i costumi e le tradizioni locali. L'impatto di Theravada può essere osservato non solo nelle pratiche religiose, ma anche nell'arte, nell'architettura, nella lingua e nelle strutture di governance.

Il Myanmar, precedentemente noto come Birmania, occupa un posto speciale nella storia del Buddhismo Theravada. È sede della Shwedagon Pagoda, un rinomato luogo di pellegrinaggio e venerazione per i buddhisti di tutto il mondo. Gli insegnamenti del Theravada hanno plasmato il quadro etico e la bussola morale del popolo birmano, influenzando tutto, dalle relazioni interpersonali al discorso politico. Allo stesso modo, la Thailandia vanta una vivace eredità del Theravada, con templi e monasteri che costituiscono parte integrante del suo paesaggio. La monarchia thailandese è stata storicamente strettamente associata al Sangha, la comunità dei monaci buddhisti, esemplificando ulteriormente il profondo intreccio tra religione e governo.

In Cambogia, l'antico complesso templare di Angkor Wat è una testimonianza dell'influenza del Buddhismo Theravada. La spiritualità insita nelle incisioni e nelle guglie torreggianti serve da promemoria della profonda riverenza per i principi buddisti nella società cambogiana. Allo stesso modo, Laos e Sri Lanka hanno coltivato espressioni uniche del Theravada, con quest'ultimo che ospita importanti reliquie e luoghi sacri legati alla vita del Buddha.

In tutto il sud-est asiatico, il Buddhismo Theravada ha promosso un senso di eredità condivisa e di appartenenza comunitaria. Ha fornito una bussola morale per individui e collettivi, guidandoli attraverso trionfi e tribolazioni. La resilienza del Theravada in questa regione è una testimonianza del suo profondo impatto sui cuori e sulle menti di innumerevoli devoti, portando avanti l'eredità del Buddha in monasteri sereni, città frenetiche e villaggi tranquilli.

2. Mahayana nell'Asia orientale:
Originario dell'India, il Buddhismo Mahayana si diffuse nell'Asia orientale attraverso rotte commerciali e attività missionarie, radicandosi e prosperando in paesi come Cina, Corea, Giappone e Vietnam. Ognuna di queste nazioni sviluppò la sua distinta espressione della pratica Mahayana, integrandola con credenze e costumi indigeni e adattandosi alle strutture sociali locali. La propagazione del Buddhismo Mahayana nell'Asia orientale fu facilitata dall'attrattiva della sua natura inclusiva e adattabile, che risuonava con le aspirazioni spirituali e i contesti sociali delle persone nella regione.

Il ricco arazzo delle tradizioni Mahayana nell'Asia orientale comprende una vasta gamma di scuole, lignaggi e sette, ciascuna con la sua enfasi dottrinale unica, pratiche rituali ed espressioni artistiche. Dai venerabili monasteri incastonati nelle montagne della Cina agli squisiti templi che adornano i paesaggi del Giappone, il Buddhismo Mahayana ha lasciato un segno indelebile nella topografia religiosa dell'Asia orientale. L'influenza della tradizione può essere vista non solo nelle istituzioni religiose, ma anche nell'arte, nella letteratura, nella filosofia e nella vita quotidiana, plasmando l'ethos e la visione del mondo delle società dell'Asia orientale. L'eredità del Buddhismo Mahayana nell'Asia orientale è la testimonianza della sua adattabilità, resilienza e capacità di promuovere la crescita spirituale e l'armonia comunitaria.

Adattamento culturale:

La diffusione del Buddhismo in varie regioni dell'Asia ha portato all'emergere di diversi adattamenti culturali e pratiche sincretiche, fondendo costumi e credenze locali con i principi buddisti. Quando il Buddhismo ha incontrato diversi paesaggi culturali, ha subito un processo di assimilazione e integrazione, dando origine a espressioni uniche della fede in ogni località. I governanti e le comunità locali spesso incorporavano elementi delle proprie tradizioni nei rituali e nelle cerimonie buddiste, portando allo sviluppo di pratiche religiose ibride.

Nel sud-est asiatico, ad esempio, il Buddhismo Theravada si è mescolato con le credenze animistiche indigene e la cosmologia indù, dando origine al culto delle divinità locali insieme ai riti buddisti. Questo sincretismo è particolarmente evidente in Cambogia, dove l'iconico complesso del tempio di Angkor Wat funge da testimonianza della fusione di influenze indù e buddiste nella storia della regione. Allo stesso modo, in Tibet, il Buddhismo Vajrayana ha integrato elementi del Bon, la tradizione sciamanica indigena, dando origine a una distinta tradizione buddista tibetana che incorpora rituali e pratiche spirituali di entrambe le tradizioni.

Inoltre, nell'Asia orientale, in particolare in Cina e Giappone, il Buddhismo Mahayana interagiva con il Confucianesimo, il Taoismo e le religioni popolari native, portando alla creazione di nuove forme di arte, architettura e osservanze religiose buddiste. La pratica cinese della venerazione degli antenati, profondamente radicata nei principi confuciani, trovò la sua strada nei rituali buddisti di pietà filiale e omaggio agli antenati. Questa fusione di tradizioni influenzò anche lo sviluppo del Buddhismo Chan (Zen), noto per la sua enfasi sull'esperienza diretta e sulla comprensione intuitiva, che risuonava con i fondamenti filosofici del Taoismo.

Questi adattamenti culturali non solo hanno arricchito l'arazzo delle tradizioni buddiste, ma hanno anche facilitato la propagazione e la sostenibilità della fede in diversi contesti culturali. Evidenziano la natura dinamica del Buddhismo, dimostrando la sua capacità di coesistere e assorbire elementi da altri sistemi di credenze, pur mantenendo i suoi insegnamenti fondamentali. Il processo di adattamento culturale e sincretismo esemplifica la flessibilità e l'inclusività del Buddhismo, rendendolo adattabile ai costumi e alle credenze delle società che incontra.

Pionieri e propagatori:

Nel corso della storia del Buddhismo, numerose figure influenti hanno svolto ruoli fondamentali nella propagazione e nell'evoluzione di questa antica fede. Dai leader visionari che hanno guidato la diffusione del Buddhismo in vaste regioni agli studiosi e monaci venerati che hanno dato significativi contributi dottrinali, questi pionieri hanno lasciato un segno indelebile nello sviluppo di diverse tradizioni buddiste. Tra le figure più rinomate nella prima storia buddhista c'è l'imperatore Ashoka, il cui patrocinio e gli sforzi missionari sono stati determinanti nella diffusione del Buddhismo nel subcontinente indiano e oltre. I suoi editti e le sue iscrizioni forniscono preziose informazioni sulla diffusa adozione del Buddhismo durante il suo regno e sull'impatto delle sue politiche.

Un'altra figura imponente nella tradizione Mahayana è Nagarjuna, un filosofo ed esponente della scuola Madhyamaka i cui profondi insegnamenti continuano a plasmare il panorama filosofico del Buddhismo Mahayana. La spiegazione di Nagarjuna della vacuità (shunyata) e del concetto delle Due Verità (convenzionale e ultima) ha avuto un'influenza sull'interpretazione del pensiero buddista e ha stimolato intensi dibattiti tra gli studiosi successivi.

Nella tradizione Theravada, il venerabile Buddhaghosa si distingue come una figura fondamentale i cui contributi letterari, in particolare il Visuddhimagga (Sentiero della Purificazione), hanno consolidato gli insegnamenti dottrinali e le pratiche di meditazione del Buddhismo Theravada. Le sue esposizioni esaustive sul sentiero verso l'illuminazione e sulla natura della coscienza sono state risorse inestimabili per generazioni di praticanti Theravada che cercavano di approfondire la loro comprensione e pratica.

Inoltre, l'avvento del Buddhismo nell'Asia orientale deve molto agli sforzi pionieristici di personaggi eminenti come Bodhidharma, il leggendario fondatore del Buddhismo Chan (Zen), i cui insegnamenti enfatizzavano l'esperienza diretta e la meditazione come mezzi per l'illuminazione. La personalità enigmatica di Bodhidharma e il suo ruolo nella trasmissione del Dharma in Cina hanno ispirato innumerevoli praticanti Zen e plasmato il carattere distinto del Buddhismo Zen.

Nelle fasi successive dell'espansione del Buddhismo, luminari come Xuanzang, il monaco e studioso cinese, intrapresero ardui viaggi in India alla ricerca di testi sacri e scambi intellettuali. Il suo monumentale pellegrinaggio al luogo di nascita del

Buddhismo non solo arricchì il canone buddhista cinese, ma favorì anche dialoghi interculturali che arricchirono sia le tradizioni filosofiche indiane che quelle cinesi.

Canoni scritturali:

Lo sviluppo e la conservazione delle scritture buddiste hanno svolto un ruolo fondamentale nella propagazione e nella differenziazione delle tradizioni buddiste. Al centro di questa divergenza si trovano due canoni scritturali primari: il Canone Pali e i testi sanscriti. Queste raccolte testuali hanno un'importanza immensa nel plasmare i fondamenti dottrinali e le pratiche delle tradizioni Theravada e Mahayana.

Il Canone Pali, noto anche come Tipitaka, è venerato dai buddhisti Theravada come la più autorevole raccolta di testi contenenti gli insegnamenti di Siddhartha Gautama, il Buddha storico. Compilato in lingua Pali, questo esteso canone è composto da tre "cestini" o pitaka: il Vinaya Pitaka (disciplina), il Sutta Pitaka (discorsi) e l'Abhidhamma Pitaka (insegnamenti superiori). La sua conservazione può essere attribuita agli sforzi meticolosi delle prime comunità Theravada e dei lignaggi monastici.

Al contrario, le tradizioni Mahayana attingono a una gamma più ampia di testi sanscriti, tra cui sutra e shastra, che sono attribuiti a una miriade di Buddha e bodhisattva. Questo corpus espansivo riflette i diversi ambienti culturali e filosofici in cui il Buddhismo Mahayana prosperò. L'adozione di queste scritture facilitò l'emergere di nuove dottrine e pratiche, migliorando la flessibilità e l'adattabilità delle tradizioni Mahayana.

La varianza testuale tra i canoni Pali e Sanscrito è indicativa di discrepanze dottrinali sfumate, variazioni linguistiche e approcci interpretativi. Mentre il Canone Pali enfatizza la ricerca individuale dell'illuminazione e il contesto storico della vita e degli insegnamenti del Buddha, i testi Sanscriti spesso approfondiscono concetti metafisici, compassione universale e trascendenza della realtà convenzionale. Inoltre, l'analisi testuale comparativa rivela intuizioni uniche sui contesti socioculturali, l'evoluzione linguistica e gli sviluppi dottrinali all'interno delle prime comunità buddiste in tutta l'Asia. La coesistenza di questi canoni distinti ha generato profonde ricerche accademiche, dialoghi inter-tradizionali e scambi interculturali, illuminando la natura dinamica delle scritture buddiste.

Rituali, meditazioni e adorazione:

I rituali svolgono un ruolo significativo sia nel Buddhismo Mahayana che in quello Theravada, fungendo da atti cerimoniali per esprimere riverenza, gratitudine e devozione alla Triplice Gemma: il Buddha, il Dharma (insegnamenti) e il Sangha (comunità di praticanti). Mentre i rituali Theravada spesso enfatizzano la semplicità e l'aderenza alle prime pratiche buddiste, i rituali Mahayana mostrano una natura più elaborata e simbolica, incorporando diverse divinità e bodhisatva e possono comprendere cerimonie come i rituali tantrici Vajrayana.

La meditazione, centrale nella pratica buddista in entrambe le tradizioni, varia nelle sue tecniche e nella sua enfasi. La meditazione Theravada, nota per la sua attenzione alla consapevolezza e all'intuizione (vipassana), mira a sviluppare l'autoconsapevolezza e la saggezza attraverso l'osservazione diretta dei fenomeni mentali e fisici. Al contrario, la meditazione Mahayana comprende una gamma più ampia di pratiche, tra cui la coltivazione della compassione (metta), la visualizzazione delle divinità e le tecniche meditative esoteriche prevalenti nelle tradizioni Vajrayana.

Anche le usanze di culto dimostrano le distinzioni tra le due tradizioni. Nel Theravada, i devoti si dedicano comunemente alla venerazione delle reliquie, fanno offerte a stupa e monasteri e osservano una condotta disciplinata come atti di culto. Il culto Mahayana, d'altro canto, comprende pratiche devozionali verso i bodhisattva celesti, recitazione di sutra e partecipazione a servizi ritualizzati guidati da monaci ordinati. Inoltre, la preminenza delle scuole della Terra Pura e Chan/Zen all'interno della tradizione Mahayana introduce aspetti unici di devozione incentrati sull'aspirazione alla rinascita in regni incontaminati o esperienze di illuminazione diretta.

Capitolo XV
INTEGRAZIONE NELLA FILOSOFIA ORIENTALE

Influenze del confucianesimo sul pensiero buddista:

Gli insegnamenti etici confuciani hanno plasmato in modo significativo lo sviluppo storico e l'adattamento del Buddhismo nell'Asia orientale. L'integrazione di queste due tradizioni filosofiche si è verificata quando il Buddhismo si è diffuso e ha messo radici in Cina, Corea, Giappone e Vietnam. L'enfasi del Confucianesimo sull'armonia sociale, la pietà filiale e l'importanza della proprietà rituale hanno esercitato un'influenza sull'interpretazione e la pratica del Buddhismo in queste regioni.

Una delle aree chiave di impatto è stata la cornice etica entro cui sono stati contestualizzati gli insegnamenti buddisti. Le virtù confuciane come la benevolenza, la rettitudine, la proprietà, la saggezza e la fedeltà sono state integrate nel discorso morale del buddismo, portando a una dimensione etica arricchita nella tradizione buddista. Questa sintesi ha portato allo sviluppo di nuovi codici etici e linee guida di condotta per monaci, monache e praticanti laici, riflettendo un'armoniosa miscela di valori etici confuciani e buddisti.

Inoltre, l'enfasi del confucianesimo sull'ordine sociale e sulle relazioni gerarchiche ha influenzato la struttura organizzativa delle comunità monastiche buddiste e la propagazione degli insegnamenti buddisti. Questa intersezione ha portato all'adozione di pratiche confuciane all'interno dei monasteri buddisti, all'incorporazione di cerimonie confuciane nei rituali buddisti e all'assimilazione di metodi educativi confuciani nella formazione monastica buddista.

Inoltre, la convergenza di confucianesimo e buddhismo ha avuto un impatto anche sull'interpretazione dottrinale dei testi buddhisti. Gli studiosi si sono impegnati nell'analisi comparativa dei classici confuciani e delle scritture buddhiste, cercando parallelismi e connessioni tra i due corpi letterari. Questo sforzo ha dato origine a una comprensione sfumata dei concetti e dei principi buddhisti all'interno del quadro culturale e intellettuale del pensiero confuciano, arricchendo così gli approcci ermeneutici alla filosofia e alla teologia buddhiste.

L'eredità di questa sintesi è evidente nella continua presenza di valori e pratiche confuciane all'interno delle comunità buddiste dell'Asia orientale, fornendo un panorama culturale distintivo che riflette l'arricchimento reciproco del confucianesimo e del buddismo. Questa sintesi continua a plasmare l'esperienza vissuta dai buddisti nell'Asia orientale, fungendo da testimonianza della capacità di adattamento e dell'influenza trasformativa dei dialoghi filosofici attraverso diverse tradizioni.

Sintesi dei principi taoisti con il buddismo:

La sintesi dei principi taoisti con il Buddhismo rappresenta un'affascinante intersezione di due profonde tradizioni filosofiche. Nel ricco arazzo dell'antica filosofia cinese, la fusione di questi due lignaggi spirituali ha dato origine a una simbiosi unica e straordinariamente armoniosa. Questa sintesi può essere osservata in vari aspetti, tra cui prospettive cosmologiche, precetti etici e pratiche contemplative.

Al centro del pensiero taoista si trova il concetto del Dao, il principio fondamentale che permea l'universo. Il Daoismo enfatizza la naturalezza, la spontaneità e l'armonia degli opposti, valorizzando la comprensione intuitiva del funzionamento del cosmo. Quando i principi taoisti vengono sintetizzati con gli insegnamenti buddisti, emerge un'intrigante fusione, che incapsula l'interconnessione di tutti i fenomeni, l'impermanenza e la ricerca della tranquillità interiore.

Uno dei punti centrali di convergenza tra Daoismo e Buddhismo è la loro enfasi condivisa sulla meditazione e la consapevolezza. Mentre entrambe le tradizioni affrontavano le pratiche contemplative da angolazioni distinte, lo scambio di idee ha portato a un arricchimento reciproco delle tecniche meditative. Il concetto Daoista di wu wei, o azione senza sforzo, risuona con la nozione Buddista di non attaccamento e la coltivazione della consapevolezza nel momento presente.

Inoltre, i fondamenti etici del Daoismo, che promuovono semplicità, umiltà e vita in accordo con i ritmi della natura, hanno trovato risonanza nell'ethos compassionevole del Buddhismo. Questa fusione ha portato a un approccio olistico alla vita virtuosa, in cui la coltivazione del carattere morale e dell'empatia si sono fuse con la pratica della compassione verso tutti gli esseri senzienti.

La sintesi delle visioni del mondo taoista e buddista si estende anche ai regni dell'arte, della letteratura e dell'estetica. L'interazione di nozioni come il vuoto, l'impermanenza e l'unità degli opposti ha contribuito allo sviluppo della pittura, della calligrafia e della poesia cinese, evocando un profondo senso di serenità e trascendenza.

Inoltre, l'incontro tra Daoismo e Buddhismo ha generato un ricco discorso sulla natura della realtà, della coscienza e dello scopo ultimo dell'esistenza. Sono emersi dialoghi filosofici, che si sono addentrati in indagini metafisiche e contemplazioni esistenziali, promuovendo un ambiente intellettuale dinamico che continua a ispirare studiosi e ricercatori in tutto il mondo.

L'armonizzazione nella filosofia cinese antica:

L'antica filosofia cinese ha sperimentato una profonda armonizzazione durante la trasmissione e l'integrazione degli insegnamenti buddisti con il pensiero indigeno confuciano e taoista. Questa armonizzazione ha plasmato in modo significativo il panorama intellettuale dell'Asia orientale, portando a una ricca interazione di idee e filosofie che continuano a influenzare l'ethos culturale della regione.

L'introduzione del Buddhismo in Cina durante i primi secoli dell'era volgare rappresentò una sfida epocale alle radicate tradizioni filosofiche del confucianesimo e del taoismo. Man mano che le dottrine buddiste prendevano gradualmente piede, studiosi e pensatori intrapresero l'ambizioso compito di conciliare il Buddhismo con i principi metafisici e i valori etici cinesi nativi. Questo processo di armonizzazione diede origine a una sintesi distintiva, caratterizzata da una fusione di intuizioni spirituali buddiste con insegnamenti morali confuciani e concetti cosmologici taoisti.

Un aspetto chiave di questa armonizzazione è stato l'adattamento delle idee metafisiche buddiste in un quadro che risuonava con le prospettive ontologiche confuciane e taoiste. La reinterpretazione sfumata di concetti come karma, rinascita e vacuità all'interno dei quadri esistenti del dualismo yin-yang e dell'etica della virtù confuciana esemplificava la profondità dell'impegno intellettuale che sosteneva questa sintesi. Il risultato è stata una visione del mondo completa che integrava gli imperativi morali e sociali del confucianesimo con le dimensioni metafisiche e contemplative del buddismo, il tutto attingendo alla saggezza naturalistica del taoismo.

D'altra parte, l'armonizzazione si è estesa oltre la mera elaborazione teorica, permeando vari aspetti della società e della cultura cinese. Ha influenzato espressioni artistiche, progetti architettonici e rituali religiosi, promuovendo una tradizione sincretica che ha arricchito sia la vita religiosa che quella secolare. Questa fusione di prospettive filosofiche ha anche generato uno spirito di tolleranza e pluralismo, poiché le élite intellettuali e la gente comune hanno trovato in questa filosofia armonizzata un quadro per affrontare l'esistenza umana.

L'armonizzazione dell'antica filosofia cinese catalizzò lo sviluppo del neo-confucianesimo, un movimento filosofico che sintetizzava l'etica confuciana con la metafisica buddista e taoista. Ciò segnò un notevole punto di convergenza, in cui ogni tradizione contribuì all'evoluzione delle altre, dando vita a un sistema di pensiero dinamico e sfaccettato che affrontava le perenni questioni di moralità, governo e natura della realtà.

Contributi buddisti al neoconfucianesimo:

Le interazioni tra Buddhismo e Confucianesimo nell'antica Cina culminarono nello sviluppo del Neo-Confucianesimo, un significativo movimento filosofico emerso durante la dinastia Song (960–1279 d.C.). Mentre il Confucianesimo forniva il quadro etico e sociale per la società, fu notevolmente arricchito ed espanso dai concetti buddisti durante questo periodo.

Uno degli aspetti notevoli dell'influenza buddista sul neo-confucianesimo fu l'introduzione di idee metafisiche e trascendentali. Dottrine buddiste come la vacuità (Sunyata) e l'impermanenza (Anicca) risuonarono tra gli studiosi confuciani, sfidando le loro prospettive tradizionali sulla natura della realtà. Ciò portò all'incorporazione della metafisica buddista nel pensiero neo-confuciano, con conseguente comprensione più completa dell'universo e dell'esistenza umana.

D'altro canto, le pratiche di meditazione buddhiste e l'enfasi sull'introspezione hanno avuto un impatto significativo sulle nozioni neo-confuciane di auto-coltivazione e sviluppo morale. Il concetto di consapevolezza, mutuato dal buddhismo, ha contribuito all'idea confuciana di raggiungere l'armonia interiore e la raffinatezza etica attraverso l'auto-riflessione e la contemplazione introspettiva. Di conseguenza, il neo-confucianesimo si è evoluto per enfatizzare l'importanza di coltivare la virtù interiore e realizzare la propria vera natura, allineandosi agli ideali buddhisti di autorealizzazione e illuminazione.

Un altro ambito chiave in cui il Buddhismo ha influenzato il Neo-Confucianesimo è la dimensione etica. L'etica buddista, in particolare i principi di compassione e altruismo, hanno influenzato il discorso etico all'interno del pensiero neo-confuciano. L'enfasi sulla benevolenza, la rettitudine e la proprietà nel Confucianesimo è stata ulteriormente arricchita dall'inclusione degli insegnamenti buddisti sulla compassione universale e l'interconnessione di tutti gli esseri. Questa integrazione ha portato a un quadro etico più compassionevole e inclusivo all'interno del Neo-Confucianesimo, sottolineando non solo l'armonia sociale ma anche l'interconnessione di tutti gli esseri viventi.

Inoltre, l'impegno degli studiosi neo-confuciani con i testi e i concetti buddisti ha portato allo sviluppo di un approccio razionale e sistematico alla filosofia, attingendo sia da fonti confuciane che buddiste. Questo approccio interdisciplinare ha facilitato la sintesi di intuizioni etiche, metafisiche ed epistemologiche, contribuendo al ricco arazzo della borsa di studio neo-confuciana. Il rigoroso scambio intellettuale tra buddisti e confuciani ha svolto un ruolo fondamentale nel plasmare la filosofia neo-confuciana, promuovendo un processo dialettico che ha consentito la fusione di diverse tradizioni filosofiche.

Variazioni regionali:

Nel corso della storia, il Buddhismo ha subito affascinanti adattamenti regionali, specialmente nei paesi dell'Asia orientale di Corea, Giappone e Vietnam. Ognuna di queste nazioni ha abbracciato il Buddhismo in modi unici, fondendolo con le proprie culture indigene e sistemi di credenze per creare distinte varianti regionali della religione. Questi adattamenti non solo hanno arricchito la diversità del pensiero e della pratica buddhisti, ma hanno anche influenzato il più ampio panorama culturale e filosofico dell'Asia orientale.

La Corea, spesso definita la "Terra della calma mattutina", ha una ricca storia di tradizione buddista che risale al periodo dei Tre Regni. L'introduzione del buddismo in Corea ha portato alla costruzione di numerosi templi e pagode, molti dei quali sono ancora oggi delle meraviglie architettoniche. Il buddismo coreano mostra una miscela di influenze provenienti sia dalla Cina che dall'India, incorporando al contempo elementi coreani unici come l'uso di specifiche sculture e opere d'arte buddiste. Inoltre, la tradizione distintiva Seon (Zen) della Corea ha avuto un'influenza sulla cultura e la società coreana, enfatizzando la meditazione e la visione diretta della propria vera natura.

Volgendo la nostra attenzione al Giappone, incontriamo un arazzo altrettanto ricco di tradizioni buddiste che hanno profondamente permeato la società giapponese. Dalle sette prominenti del Buddhismo della Terra Pura alle pratiche austere del Buddhismo Zen, il Buddhismo giapponese è prosperato e si è evoluto nel corso dei secoli. In particolare, la fusione del Buddhismo con le credenze shintoiste indigene ha dato origine a pratiche sincretiche, culminate nella formazione dello Shinbutsu-shūgō, un'armoniosa coesistenza di Buddhismo e Shinto. Questo sincretismo riflette l'adattabilità e la natura inclusiva del Buddhismo giapponese, plasmando varie espressioni culturali e rituali.

Il Vietnam, con il suo impegno di lunga data con il Buddhismo, presenta un'altra accattivante variante della fede. Il Buddhismo vietnamita è fortemente influenzato dalle tradizioni Theravada, che sono arrivate tramite rotte commerciali marittime dall'Asia meridionale, intrecciandosi con costumi e tradizioni locali. Questa fusione ha dato origine alla distinta scuola Zen vietnamita, nota come Thien, caratterizzata dal suo approccio pragmatico all'illuminazione e dall'enfasi sull'impegno attivo nella vita quotidiana. Inoltre, il ruolo del Buddhismo nella lotta del Vietnam per l'indipendenza e la giustizia sociale ha lasciato un segno indelebile nella coscienza collettiva della nazione.

Integrazione delle pratiche etiche:

Le pratiche etiche costituiscono parte integrante della filosofia buddista e la loro integrazione nelle scuole di pensiero orientali, in particolare il confucianesimo e il taoismo, ha prodotto ricche intuizioni e sinergie. Nel contesto dell'interazione del buddismo con il confucianesimo, principi etici come la pietà filiale e l'armonia sociale sono stati esaminati in relazione ai concetti buddisti di compassione, non attaccamento e giusta azione. Questa interazione ha portato all'arricchimento reciproco di entrambe le filosofie, poiché il confucianesimo ha acquisito una comprensione più profonda della coltivazione interiore individuale e dell'impegno compassionevole, mentre il buddismo ha assimilato l'importanza della responsabilità sociale e della vita etica all'interno della comunità più ampia.

Allo stesso modo, l'integrazione delle pratiche etiche con il Daoismo ha portato a uno scambio fertile di idee. L'enfasi sulla naturalezza e la spontaneità nel Daoismo risuona con il principio buddista di impermanenza e non-sé, favorendo una connessione più profonda con il mondo naturale e un approccio più contemplativo alla condotta etica. Questa integrazione ha dato origine a una miscela unica di consapevolezza etica che trascende rigidi quadri morali, consentendo una comprensione più sfumata del comportamento etico nel contesto dell'interdipendenza e della coesistenza armoniosa.

Inoltre, la convergenza di pratiche etiche tra Buddismo, Confucianesimo e Daoismo ha aperto la strada a un approccio olistico alla moralità e alla vita virtuosa. La sintesi di virtù etiche come compassione, benevolenza e umiltà in queste tradizioni ha ampliato il panorama etico, offrendo a individui e comunità una vasta gamma di linee guida etiche per affrontare l'esistenza umana. Questa convergenza ha anche facilitato un apprezzamento più profondo per l'interazione tra etica personale e benessere sociale, arricchendo il discorso sulla vita armoniosa e la prosperità comunitaria.

Inoltre, l'integrazione di pratiche etiche ha stimolato dialoghi sulle sfide etiche della modernità, fornendo preziose intuizioni per affrontare le questioni contemporanee da una prospettiva etica multiforme. La natura adattiva di queste pratiche etiche integrate ha permesso loro di entrare in risonanza con i contesti sociali e culturali in evoluzione, offrendo saggezza per affrontare complessi dilemmi etici nel mondo contemporaneo.

Capitolo XVI
IMPATTO DEL BUDDHA SUI PENSATORI OCCIDENTALI

I primi incontri tra filosofi occidentali e insegnamenti buddisti hanno segnato un momento cruciale nello scambio di idee interculturale. Già nel XVIII e XIX secolo, viaggiatori e studiosi occidentali, affascinati dal fascino mistico dell'Oriente, iniziarono a imbattersi nel pensiero buddhista durante le loro esplorazioni in Asia. Queste interazioni iniziali hanno gettato le basi per la successiva integrazione della filosofia buddhista nel panorama intellettuale dell'Occidente.

L'influenza pionieristica di Schopenhauer e le sue interpretazioni errate:

Arthur Schopenhauer, una figura di spicco della filosofia del XIX secolo, ha svolto un ruolo fondamentale nell'introdurre il Buddhismo nel pensiero occidentale. Il suo impegno con i concetti buddisti ha avuto un'influenza determinante nel dare forma alle discussioni filosofiche sul determinismo, la sofferenza e la natura della realtà. Il capolavoro di Schopenhauer, "Il mondo come volontà e rappresentazione", ha messo in mostra la sua profonda ammirazione per le filosofie orientali, in particolare il Buddhismo, e la sua somiglianza con le sue intuizioni filosofiche. Ha identificato il concetto di "volontà" come analogo alla nozione buddista di desiderio e al suo legame con la sofferenza, chiarendo l'interconnessione dell'esperienza umana in un modo che risuonava con gli insegnamenti buddisti.

Tuttavia, mentre l'abbraccio di Schopenhauer alle idee buddiste fu fondamentale nell'accendere l'interesse occidentale per il buddhismo, portò anche a certe interpretazioni errate. Gli studiosi hanno notato che tendeva a semplificare eccessivamente e a rendere essenziali le complesse dottrine buddiste, distorcendone potenzialmente i significati sfumati. Inoltre, alcuni critici sostengono che la visione del mondo pessimistica di Schopenhauer, influenzata dalla sua interpretazione del buddhismo, potrebbe aver oscurato il ricco arazzo di ottimismo e potenziale umano presente nel pensiero buddhista.

Nonostante le interpretazioni errate, l'influenza pionieristica di Schopenhauer non può essere sottovalutata. La sua integrazione di concetti buddisti nel discorso filosofico occidentale ha aperto la strada ai pensatori successivi per approfondire la filosofia buddista, ispirando sia la critica che l'apprezzamento. In quanto tale, l'impatto di Schopenhauer continua a riverberare attraverso il dialogo in corso tra le tradizioni filosofiche orientali e occidentali.

Le visioni contraddittorie di Nietzsche sul buddismo e il nichilismo occidentale:

Friedrich Nietzsche, l'influente filosofo tedesco, si impegnò in una relazione complessa e contraddittoria con il Buddhismo e i suoi principi filosofici. Nei suoi primi lavori, Nietzsche mostrò una certa fascinazione per il pensiero orientale, in particolare per il concetto di nichilismo. Il nichilismo, come comunemente inteso nella filosofia occidentale, si riferisce alla convinzione che la vita sia priva di significato oggettivo, scopo o valore intrinseco. L'esplorazione del nichilismo da parte di Nietzsche si intrecciò con la sua esposizione agli insegnamenti buddisti, in particolare alla nozione di impermanenza e all'assenza di un sé permanente. Questo incontro diede origine alla sua critica del pensiero occidentale e al crescente senso di nichilismo che pervadeva il discorso intellettuale europeo. Tuttavia, nonostante questo iniziale interesse per i concetti buddisti, Nietzsche sviluppò in seguito una posizione più critica nei confronti del Buddhismo, etichettandolo come una religione evasiva che negava la volontà di potenza, la forza trainante dell'esistenza umana secondo la sua filosofia esistenzialista.

La famosa proclamazione di Nietzsche, "Dio è morto", riflette il suo rifiuto dei valori cristiani tradizionali, ma segnala anche un allontanamento dagli ideali buddisti. Cercò di instillare un'affermazione radicale della vita di fronte alla sofferenza e al caos, che riteneva il buddismo non fosse in grado di affrontare adeguatamente. Questa ambivalenza è evidente in tutti i suoi scritti, oscillando tra ammirazione per la profondità del pensiero buddhista e condanna della sua rinuncia passiva. Nonostante il rifiuto di molti aspetti del buddhismo, l'impegno di Nietzsche con la tradizione lasciò un segno indelebile nelle interpretazioni filosofiche occidentali del nichilismo e dell'esistenzialismo.

L'incontro del Buddismo con la filosofia esistenzialista:

La filosofia esistenzialista, con la sua enfasi sulla libertà individuale, l'esistenza autentica e l'esame della condizione umana, è da tempo intrecciata con il pensiero buddista. Questo incontro mette a nudo l'angoscia esistenziale prevalente sia nelle tradizioni filosofiche occidentali che in quelle buddiste. L'esistenzialismo, un movimento avviato da Kierkegaard e ulteriormente sviluppato da Heidegger, Sartre e Camus, affronta le questioni centrali dell'esistenza, del significato e della natura della realtà, argomenti che trovano risonanza nell'esplorazione del buddismo della sofferenza, dell'impermanenza e della natura del sé. La concezione esistenzialista di angoscia e disperazione rispecchia da vicino l'idea buddista di dukkha, l'esperienza universale di insoddisfazione e sofferenza esistenziale. Inoltre, l'attenzione esistenzialista sulla responsabilità individuale e il terrore della libertà si allineano con la nozione buddista di responsabilità personale e la ricerca della liberazione dalla sofferenza attraverso la condotta etica e la coltivazione mentale. L'incontro tra buddismo ed esistenzialismo diventa ancora più profondo quando si giustappone il concetto di autenticità. Entrambe le tradizioni propugnano l'impegno autentico con la propria esistenza, sfidando gli aderenti ad affrontare le domande ultime della vita con onestà e integrità. Attraverso la lente dell'esistenzialismo, l'individuo è chiamato a creare il proprio significato, mentre il Buddhismo afferma l'importanza di trascendere l'attaccamento alle costruzioni soggettive della realtà per realizzare la verità ultima. Questa intersezione rivela un'interazione tra le nozioni esistenzialiste di agency individuale e l'insegnamento buddista del non-sé.

Prospettive psicoanalitiche: da Freud a Jung.

Le prospettive psicoanalitiche sul Buddhismo hanno generato un profondo discorso, in particolare attraverso le opere seminali di Sigmund Freud e Carl Jung. Freud, la figura pionieristica della psicoanalisi, ha offerto intuizioni sulla natura della sofferenza umana e sui regni subconsci della mente, tracciando parallelismi con alcuni concetti buddisti. La sua esplorazione della mente inconscia, dei desideri repressi e dei meccanismi di difesa dell'ego può essere vista come in risonanza con alcune nozioni buddiste, sebbene con nette differenze nei principi ontologici. L'enfasi di Freud sul ruolo degli istinti e dell'Es nel plasmare il comportamento umano si interseca con alcuni insegnamenti buddisti sul desiderio e l'attaccamento, fornendo un terreno fertile per l'analisi comparativa. Inoltre, il suo riconoscimento dell'influenza pervasiva delle esperienze della prima infanzia sulla psicologia adulta rispecchia elementi di condizionamento karmico all'interno del pensiero buddhista.

Parallelamente, i contributi di Carl Jung hanno ampliato il dialogo tra psicoanalisi e buddhismo, sottolineando l'inconscio collettivo, i simboli archetipici e l'individuazione. Il concetto di individuazione di Jung, il processo di integrazione di aspetti disparati della psiche verso la completezza, trova intriganti parallelismi con il percorso buddista verso l'illuminazione e la trascendenza dell'individualità individuale. La sua esplorazione delle filosofie orientali, incluso il buddhismo, nel plasmare la sua comprensione della coscienza umana sottolinea la rilevanza dei dialoghi interculturali tra psicologia e tradizioni spirituali.

Mentre Freud e Jung gettarono le basi per integrare le intuizioni buddiste nel discorso psicologico occidentale, i pensatori psicoanalitici contemporanei hanno approfondito le intersezioni tra buddismo e psicoanalisi, stimolando esplorazioni sfumate dell'interfaccia tra salute mentale e benessere spirituale. L'impegno con pratiche buddiste come la meditazione di consapevolezza in contesti clinici ha offerto promettenti vie per l'intervento terapeutico, promuovendo un approccio olistico per affrontare il disagio psicologico e le preoccupazioni esistenziali. La convergenza delle prospettive psicoanalitiche con le pratiche contemplative buddiste continua ad arricchire entrambi i campi, invitando a profonde riflessioni sulla natura della coscienza, della sofferenza e della prosperità umana. Questa intersezione presenta un arazzo di dialogo in continua evoluzione, in cui la psiche umana incontra la saggezza degli insegnamenti del Buddha.

Fenomenologia e pratiche di consapevolezza buddista:

La fenomenologia, come metodo filosofico fondato da Edmund Husserl, cerca di chiarire le strutture della coscienza e i modi in cui sperimentiamo il mondo. Nel contesto delle pratiche di consapevolezza buddhiste, la fenomenologia offre una lente unica attraverso cui esplorare la natura della percezione umana, della consapevolezza e dell'esperienza soggettiva.

Nel suo nucleo, la fenomenologia invita i praticanti a impegnarsi in un processo di introspezione e riflessione, mirando a discernere l'essenza dei fenomeni coscienti senza preconcetti o pregiudizi. Allo stesso modo, la consapevolezza buddista incoraggia gli individui a coltivare la consapevolezza del momento presente e l'osservazione non giudicante di pensieri, sensazioni ed emozioni. Intrecciando queste prospettive, emerge un'indagine che fa luce sulle dinamiche della coscienza umana e sulla natura intrecciata di sé e realtà.

Inoltre, la giustapposizione delle idee di Merleau-Ponty sull'incarnazione e l'esperienza percettiva con gli insegnamenti buddisti sulla consapevolezza e il distacco svela una sorprendente congruenza che trascende i confini culturali e temporali. Attraverso questa sintesi, una comprensione più profonda della condizione umana e il potenziale trasformativo della consapevolezza consapevole vengono alla ribalta.

L'intersezione tra fenomenologia e pratiche di consapevolezza buddhiste spinge a riflettere sul ruolo dell'intenzionalità e sull'unità dell'esperienza. I fenomenologi propongono che la nostra coscienza sia intrinsecamente diretta verso gli oggetti del mondo, costituendo una connessione inscindibile tra l'osservatore e l'osservato. Analogamente, gli insegnamenti buddhisti sottolineano l'interazione tra intenzione e attenzione nel dare forma alle nostre esperienze vissute. Questo parallelo chiarisce l'esplorazione reciproca della coscienza e la coltivazione della presenza compassionevole all'interno di entrambe le tradizioni, aprendo la strada a profonde intuizioni sulla natura della realtà e all'alleviamento del disagio esistenziale.

Filosofia analitica e la ricerca del vuoto:

La filosofia analitica, radicata nelle tradizioni della logica, della ragione e dell'analisi critica, offre una lente unica attraverso cui esplorare i concetti buddisti di vuoto. Uno dei temi centrali all'interno della filosofia analitica è la natura dell'esistenza e la realtà ultima dei fenomeni. In questo contesto, il concetto di vuoto come esposto nel pensiero buddista presenta una profonda sfida e opportunità di esplorazione. I filosofi analitici si sono confrontati con la natura paradossale del vuoto, cercando di comprenderne le implicazioni per l'ontologia, l'epistemologia e la metafisica. Attraverso l'argomentazione logica e l'analisi concettuale, si sono sforzati di discernere il significato e l'importanza del vuoto all'interno del più ampio discorso filosofico. L'incorporazione delle prospettive buddiste sul vuoto ha innescato un dialogo e un dibattito fruttuosi all'interno della tradizione analitica, spingendo gli studiosi a rivalutare le ipotesi fondamentali e ad ampliare il panorama filosofico. Affrontando il concetto di vuoto, i filosofi analitici hanno affrontato questioni fondamentali sulla natura della realtà, sui limiti del linguaggio e della cognizione e sulla natura dell'individualità. Inoltre, l'interfaccia tra filosofia analitica e Buddhismo ha dato origine a interpretazioni e sintesi innovative che arricchiscono entrambe le tradizioni filosofiche.

Interpretazioni postmoderne dei concetti buddisti:

I filosofi postmoderni si sono confrontati con il pensiero buddista in vari modi, spesso sfidando le interpretazioni tradizionali ed esplorando il potenziale di arricchimento reciproco. Un'area chiave di esplorazione è stata la decostruzione del sé. Traendo spunto dalle intuizioni buddiste sulla natura illusoria del sé, i pensatori postmoderni hanno criticato le concezioni essenzialiste dell'identità e le hanno sottoposte a un esame rigoroso. Questo impegno ha portato a discussioni rivoluzionarie sulla soggettività, l'agenzia e la fluidità dell'identità, offrendo percorsi per reimmaginare l'esperienza umana oltre le categorie fisse.

Inoltre, le interpretazioni postmoderne hanno affrontato le implicazioni etiche degli insegnamenti buddisti, specialmente nel regno della giustizia sociale e delle dinamiche di potere. La critica delle forme istituzionalizzate del buddismo e l'esame delle strutture gerarchiche all'interno delle comunità buddiste hanno stimolato importanti conversazioni sull'oppressione strutturale e sul potenziale del buddismo di contribuire alla trasformazione sociale.

Un'altra affascinante intersezione risiede nel dialogo tra epistemologia buddista e prospettive postmoderne sulla conoscenza e la verità. Qui, i parallelismi tra la filosofia di Nagarjuna delle due verità e le teorie postmoderne della verità come contingente e contestuale hanno innescato fruttuose indagini sulla natura della realtà e sulla costruzione del significato.

È fondamentale notare che l'impegno del pensiero postmoderno con i concetti buddisti non è stato privo di sfide e tensioni. I critici hanno sollevato preoccupazioni circa l'appropriazione culturale, l'omogeneizzazione delle diverse tradizioni buddiste e il rischio di appropriazione indebita di idee filosofiche complesse per scopi superficiali. Queste riflessioni critiche sottolineano la necessità di un impegno coscienzioso e rispettoso con il pensiero buddhista all'interno del quadro postmoderno.

Capitolo XVII
50 CITAZIONI CHIAVE DEL BUDDHA

1.
"Il problema è che pensi di avere tempo."

2.
"La mente è tutto. Ciò che pensiamo, diventiamo."

3.
"Ogni mattina rinasciamo. Ciò che facciamo oggi è ciò che conta di più."

4.
"Non esiste una via per la felicità: la felicità è la via."

5.
"Medita. Vivi puramente. Sii silenzioso. Fai il tuo lavoro con maestria. Come la luna, esci da dietro le nuvole! Splendi."

6.
"L'attaccamento porta alla sofferenza."

7.
"La preghiera più grande è la pazienza."

8.
"Il passato è già andato; il futuro non è ancora qui. C'è solo un momento per te da vivere, ed è il momento presente."

9.
"Il segreto della salute sia della mente che del corpo non è piangere il passato, né preoccuparsi del futuro, ma vivere il momento presente con saggezza e serietà."

10.
"Dubita di tutto. Trova la tua luce."

11.
"Non sarai punito per la tua ira; sarai punito dalla tua ira."

12.
"Trattenere la rabbia è come bere veleno e aspettarsi che l'altra persona muoia."

13.
"Niente può farti più male dei tuoi pensieri senza protezione."

14.
"Il vero amore nasce dalla comprensione."

15.
"Nessuno ci salva se non noi stessi. Nessuno può e nessuno può. Noi stessi dobbiamo percorrere il cammino."

16.
"Non credere a nulla, non importa dove lo leggi, o chi lo ha detto, non importa se l'ho detto io, a meno che non sia in accordo con la tua ragione e il tuo buon senso."

17.
"Ricorda che l'unica costante nella vita è il cambiamento."

18.
"Nulla esiste mai completamente da solo; tutto è in relazione a tutto il resto."

19.
"Lode e biasimo, guadagno e perdita, piacere e dolore vanno e vengono come il vento. Per essere felice, riposati come un albero gigante in mezzo a tutti loro."

20.
"Tu stesso, come chiunque altro nell'intero universo, meriti il tuo amore e il tuo affetto."

21.
"Mi sono manifestato in modo onirico a esseri onirici e ho trasmesso un Dharma onirico, ma in realtà non ho mai insegnato e non sono mai venuto."

22.
"I nostri problemi non si risolvono con la forza fisica, con l'odio, con la guerra. I nostri problemi si risolvono con la gentilezza amorevole, con la gentilezza, con la gioia."

23.
"La felicità è un viaggio, non una destinazione. Lavora come se non avessi bisogno di soldi, ama come se non fossi mai stato ferito e balla come se nessuno ti guardasse."

24.
"Per coloro che sono pronti la porta per lo stato immortale è aperta. Se hai orecchie, rinuncia alle condizioni che ti legano ed entra."

25.
"Così tutte le cose sono soggette a morte, dolore e sofferenza. Mi resi conto che anch'io ero della stessa natura, la natura dell'inizio e della fine. E se cercassi ciò che sta alla base di tutta la creazione, ciò che è nirvana, la perfetta libertà dall'esistenza incondizionata?"

26.
"Tratta gli altri con rispetto. Il modo in cui tratti gli altri sarà il modo in cui loro tratteranno te."

27.
"Mai in questo mondo l'odio potrà essere placato dall'odio; sarà soffocato dal non-odio: questa è la legge eterna."

28.
"La nostra vita è plasmata dalla nostra mente; diventiamo ciò che pensiamo."

29.
"La persona che padroneggia se stessa attraverso l'autocontrollo e la disciplina è veramente imbattibile."

30.
"Una mente disciplinata porta felicità."

31.
"È meglio conquistare se stessi che vincere mille battaglie."

32.
"Quando ti piace un fiore, lo cogli e basta. Ma quando ami un fiore, lo innaffi ogni giorno."

33.
"Non imparare a reagire. Impara a rispondere."

34.
"Se vale la pena fare qualcosa, falla con tutto il cuore."

35.
"La vita è incerta; la morte è certa."

36.
"Siamo ciò che pensiamo."

37.
"Con i nostri pensieri creiamo il mondo."

38.
"La felicità non arriverà mai a coloro che non riescono ad apprezzare ciò che già hanno."

39.
"Se lasci che l'acqua torbida si depositi, diventerà limpida. Se lasci che la tua mente sconvolta si depositi, anche il tuo percorso diventerà chiaro."

40.
"Niente è per sempre, tranne il cambiamento."

41.
"Più di quelli che ti odiano, più di tutti i tuoi nemici, una mente indisciplinata fa più male."

42.
"Supera le tue incertezze e liberati dal soffermarti sul dolore. Quando ti delizierai dell'esistenza, ti risveglierai e diventerai una guida per chi è nel bisogno, rivelando il percorso a molti."

43.
"La maggior parte dei problemi, se gli si dà abbastanza tempo e spazio, alla fine si risolveranno da soli."

44.
"Gli amici e i compagni nobili sono tutta la vita santa."

45.
"Come si pratica la consapevolezza? Sedetevi in meditazione. Siate consapevoli solo del vostro respiro."

46.
"Se un uomo vive una vita pura, niente può distruggerlo."

47.
"Tutto è mutevole, tutto appare e scompare; non c'è pace beata finché non si supera l'agonia della vita e della morte."

48.
"Il Paradiso e l'Inferno sono creazioni immaginarie di menti ignoranti."

49.
"Cercatore, svuota la barca, alleggerisci il carico, sii libero dal desiderio, dal giudizio e dall'odio e senti la gioia del cammino."

50.
"Il vento non può scuotere una montagna. Né la lode né il biasimo smuovono l'uomo saggio."

Milton Keynes UK
Ingram Content Group UK Ltd.
UKHW021414011224
451693UK00012B/940